Fluchtweg Schanghai

Lutz Witkowski

Fluchtweg
Schanghai

Über China nach Israel
und zurück
nach Deutschland

Eine jüdische Biographie

PETER LANG

Frankfurt am Main · Berlin · Bern · Bruxelles · New York · Oxford · Wien

Bibliografische Information Der Deutschen Bibliothek
Die Deutsche Bibliothek verzeichnet diese Publikation in der
Deutschen Nationalbibliografie; detaillierte bibliografische
Daten sind im Internet über <http://dnb.ddb.de> abrufbar.

Gedruckt auf alterungsbeständigem,
säurefreiem Papier.

ISBN 3-631-54721-8

© Peter Lang GmbH
Europäischer Verlag der Wissenschaften
Frankfurt am Main 2006
Alle Rechte vorbehalten.

Printed in Germany 1 2 4 5 6 7

www.peterlang.de

Vorwort

Ich veröffentliche dieses Buch, nachdem ich viele Jahre vermieden habe, meine Vergangenheit aufzudecken. Wie es mir gelungen ist, so lange am Leben zu bleiben, obwohl ich so viel erlebt habe, ist eine Art Wunder. Ich hielt mich nie für einen Helden, aber ich wurde immer wieder in Situationen gebracht, wo ich allen Mut und alle Kraft zusammennehmen musste. Erstaunlich finde ich, dass ich ein engagierter jüdischer Freiheitskämpfer wurde, obwohl ich in einer jüdischen Familie aufwuchs, die völlig assimiliert war. Mein Lebensweg begann in Deutschland, führte über China nach Frankreich und Zypern weiter nach Israel. Und nun, im Alter von 80 Jahren, lebe ich wieder in Deutschland, aber meine letzte Ruhestätte wird wie bei Samson und Delila in Aschkelon/Israel liegen.

Lutz Arie Witkowski, Giwatayim und Frankfurt am Main im Dezember 2005

Vom 16. August 2000 bis zum 30. Januar 2001 diktierte ich diesen Lebensbericht Bernadine Lairo in englischer Sprache. Jürgen Gandela übersetzte ihn und bearbeitete das Manuskript. Bis September 2003 wurde es durch die Geschichte meiner Frau Gisela ergänzt. Eine weitere Bearbeitung des Manuskripts erfolgte im Herbst 2005 durch Andreas Dickerboom.

Inhalt

Eine erstaunliche Lebensgeschichte

Einleitung von Jürgen Gandela

Es war für mich immer beschämend, mit welcher Energie und Ausdauer Lutz und Gisela Witkowski das Ziel verfolgten, Deutsche und Israelis einander nahezubringen. Und was taten wir? Wir ließen es uns bei den Treffen in ihrer gastfreundlichen Wohnung gutgehen. - Mit Geduld, mit Phantasie und Charme räumte Lutz Witkowski listenreich alte und neue Vorurteile, bürokratische und finanzielle Hemmnisse gegenüber unserem Familienschüleraustausch zwischen Tel Aviv und Frankfurt am Main beiseite. Und er wußte genau, Israel, das Land seiner Hoffnungen, lässt sich nur auf gegenseitigem Vertrauen aufbauen. Und trotz aller schmerzvollen Vergangenheit waren wir nichtjüdischen Deutschen ihm, dem jüdischen Deutschen, besonders wichtig. Wir ließen uns zu den Treffen unseres Austauschvereins gerne einladen und hörten bewegt immer wieder Teile der erstaunlichen Lebensgeschichte von Lutz. Auch, dass er neben dem guten deutschen Vornamen hebräisch noch Arie heißt, der "Löwe". Und dieser Name charakterisiert ihn gut, denn mit welcher Kraft kämpfte er für sein Überleben. Und riss, wieder nach Deutschland zurückgekehrt, viele Mitstreiter ideensprühend dazu hin, etwas für eine bessere Zukunft von Deutschen, Israelis und Juden in beiden Ländern zu tun. Nur langsam lernte ich Gisela Witkowski besser kennen, die sich gern im Hintergrund hielt. Aber ohne sie hätte es diese konstruktiven Jahre in zwei Welten nicht gegeben. Ayala heißt sie mit ihrem hebräischen Vornamen, die Gazelle. Sie tischte uns nicht nur "gefillten Fisch" auf, sondern erfasste schnell Situationen, Konflikte und Probleme und griff sofort konstruktiv zu. Und oft war sie realistischer als wir Träumer. Lutz Witkowskis Biographie ist nicht ohne ihren Einfluss zu denken. - Die Lebensgeschichte der beiden musste einfach aufgeschrieben werden, das war vereinbart, und Bernadine Lairo, eine Amerikanerin aus Lutz Freundeskreis, übernahm den ersten Part und ließ sich seine Geschichte in englischer Sprache und mit amerikanischen Assoziationen erzählen. Bei der Übersetzung wurde ich überrascht von den poetischen Sprachbildern, die allerdings nur mit Mühe adäquat in unsere Sprache umzusetzen waren. Als Redakteur konnte ich Lutz Witkowski beraten, wo nach meiner Erinnerung an die Geschichten bei den gastlichen Sitzungen, Ergänzungen eingefügt werden müssen. Auch Giselas Lebensgeschichte wollten wir unbedingt mit einbringen. So wuchs das Manuskript und wurde mit Bildern von gestern und heute ein Buch und ein Dokument - im April 2004.

1. Berlin und Breslau, 13 Jahre Kindheit (1925–1938)

Die Herkunft meiner Familie

Es ist für mich extrem schwierig, mir meine Kindheit in die Erinnerung zurückzurufen. Ich machte so viele Erfahrungen, erlebte so viele fast unbeschreibliche Ereignisse: so viel ist geschehen, dass ich glaube, dass ich ein Trauma hatte und die Details aus meinem Gedächtnis tilgte. Meine Welt änderte sich zum Schlechten, als ich zehn Jahre alt war, und der Verlust meiner Kindheitserinnerungen ist fast vollständig.

Der Name meiner Mutter war Sylvia Reich, ihre Familie stammte aus Posen, das war zu dieser Zeit deutsch und ist heute polnisch. Meine Mutter und ihre Familie wohnten in der kleinen Stadt Exien. Ihr Vater, Louis Reich, hatte seine Cousine Fanny Reich geheiratet. Solche Verwandtschaftsehen waren in dieser Zeit normal. Mein Großvater hatte ein kleines Geschäft und reiste mit dem Pferdewagen von Bauernhof zu Bauernhof Er kaufte die Erzeugnisse der Bauern und verkaufte die Früchte und das Gemüse, Korn und manchmal auch Fleisch, in den Städten weiter. Meine Großeltern hatten drei Kinder, zwei Töchter und einen Sohn: Hilda, Sylvia und Dagobert.

Als Deutschland den 1. Weltkrieg verloren hatte, warf Polen die Deutschen aus ihren neuen Territorien. Meine Großmutter und ihre Kinder wurden von Polen aus Posen zwangsausgewiesen und zogen nach Breslau. Einige Zeit davor war mein Großvater an einer Infektion durch einen rostigen Nagel gestorben, durch Tetanus. Damals gab es noch keine vorbeugenden oder heilenden Medikamente, mit denen diese Krankheit behandelt werden konnte. Meine Großmutter Fanny Reich war immer eine starke Frau, sie hatte gelernt, auch eine kluge Geschäftsfrau zu sein. Sobald die Familie in Breslau war, kaufte sie eine Strickmaschine, mit der sie Männer- und Frauensocken aus Wolle und Baumwolle herstellen konnte. Mit Hilfe dieser Kleinindustrie konnte sie das Haus für ihre drei aufwachsenden Kinder sichern, finanzierte ihre Kleidung und sorgte angemessen für sie.

Als sich meine Mutter Sylvia im Alter von 18 Jahren in meinen Vater Benno Witkowski verliebte, gefiel das meiner Großmutter überhaupt nicht. Sie war sogar absolut gegen die Ehe. Denn Großmutter Fanny war eine religiöse Frau, sie hielt das jüdische Gesetz ein und bewahrte die jüdischen Riten, zu denen streng auch eine koschere Küche gehört. Die Familie meines Vaters, drei Brüder und zwei Schwestern, waren dagegen assimilierte Juden, alle außer meinem Vater heirateten christliche Partner. Ein anderer Zankapfel war nicht weniger furchtbar: Klassenbewusstsein. Die Familie Reich bestand aus Geschäftsleuten des Mittelstands, und die Familie meines Vaters kam aus der Arbeiterklasse. Die Gesellschaft nahm solche Dinge damals wie eh und je aufmerksam wahr und die Einen hatten ihre Vorurteile gegenüber den Anderen und wahrten die Unterschiede. Das hatte zur Folge, dass die Familie meiner Mutter mit der Familie meines Vaters nichts zu tun haben wollte. Meine Eltern waren praktisch gezwungen, nach Berlin zu „flüchten", um zu heiraten. Dort wurde ich als ihr erstes und einziges Kind geboren. Als ich ein Jahr alt war, zogen wir wieder zurück nach Breslau, und zwar ohne Zweifel auf Drängen meiner Mutter, sie wollte wohl zu ihrer Familie zurückkehren. Die Familienbeziehungen blieben jedoch genau so kühl und distanziert wie vor dem Wegzug nach Berlin. Wir gar keinen Kontakt zu der Familie meines Vaters und die einzige Kontaktperson aus der Familie meiner Mutter war meine Tante Hilda, die Schwester meiner Mutter.

Diese Geschichten stammen nicht aus meiner persönlichen Erinnerung, sie wurden mir weitererzählt. In meinen frühen Jahren waren mir all diese Beziehungen nicht bewusst. Viel später besuchte ich ein- oder zwei Mal meinen Großvater Leopold Witkowski. Ich erinnere mich daran, dass da keine herzliche Stimmung herrschte und ich nicht willkommen schien. Sicherlich war auch meine Einstellung nicht gerade positiv, ich war ja beeinflusst durch negative Aussagen, die ich jahrelang über ihn gehört hatte. Bei einem empfindsamen Kind hinterlassen solche Meinungen einen großen Eindruck.

Trotzdem: Eine glückliche Kindheit

Von der Geburt bis zum Alter von zehn Jahren hatte ich eine richtige Kindheit und lebte zusammen mit meinen Eltern. Wir lebten glücklich, sicher und herzlich verbunden in einer geräumigen Erdgeschosswohnung in der Huntsfelder Straße 79. Das war ein gemütliches Haus am Stadtrand in einem Vorort von Breslau in der Nähe des Stadtteils Carlowitz. Gegenüber lebten reiche Nazis in schönen Villen. In der Nähe waren Schrebergärten und weiter draußen lagen offene Felder und ein sanft fließender Fluss, wo sich im Sommer gern Pferde kühlten. Es gab reichlich Bäume dort, an denen man schaukeln konnte, unter anderem Kirsch- und Apfelbäume. Als Jungen taten meine Kumpel und ich all die Dinge, die bei Kindern üblich sind. Wir stahlen Obst und Gemüse, vertrieben uns die Zeit im Gras und zählten die Wolken. Wir ritten auf den Pferden, kletterten auf die Bäume – genossen all die Freuden und die Freiheit einer idealen Kindheit. Ich hatte natürlich auch Hausarbeiten zu erledigen, am liebsten holte ich Milch vom nahen Bauern und schwang die Milchkanne um meinen Arm.

In meiner Schule war nur ein Jude, und das war ich. Das fiel mir damals gar nicht auf, aber später wurde mir klar, wie vollständig integriert in die Breslauer Gesellschaft meine Familie zu der Zeit war. Niemand machte eine besondere Bemerkung, dass ich als einziger Schüler der Schule vom verbindlichen christlichen Religionsunterricht befreit war. Ich wurde statt dessen angehalten, den jüdischen Religionsunterricht im Zentrum der Stadt zu besuchen. Aber soweit ich mich daran erinnern kann, habe ich diesen Unterricht nie besucht und es vorgezogen, mir die Stadt anzuschauen. Alles ging bis 1936 glatt, als ich elf Jahre alt war.

Die Judenverfolgung

Mein Vater hatte als Kürschner bei einer Firma gearbeitet, deren Eigentümer Christen waren. Sie gerbten Felle, nähten die Häute und verkauften die fertigen Erzeugnisse. Aber die Nazis kamen an die Macht und mein Vater verlor wie alle anderen Juden in dieser furchtbaren Zeit seine Arbeit. Die Atmosphäre zu Hause wurde gespannt und steif. Alle Anstrengungen meines Vaters, eine neue Arbeit zu finden, waren vergeblich, und so begann er selbst ein kleines Geschäft zu betreiben, gerbte Häute in unserem Keller und verkaufte sie auf dem Marktplatz und in den Geschäften. Er war ein harter Arbeiter, aber vielleicht wohnten wir am falschen Ort, oder er war kein überzeugender Verkäufer oder ein schlechter Kaufmann. Aus welchem Grund auch immer, er hatte keinen Erfolg, und so entschied er, sein Glück wieder in Berlin zu suchen. Meine Mutter versuchte gegen diese Idee zu kämpfen. Am Ende des schicksalsschweren Jahres 1936 beschlossen sie, sich scheiden zu lassen.

Nicht lange danach wurde meine Mutter ernsthaft krank und wegen einem Schilddrüsenleiden im jüdischen Krankenhaus in Breslau operiert. Sie siechte dort ein Jahr dahin und es ging ihr immer schlechter. Jahre später traf ich in Frankfurt am Main ihren Arzt, Dr. Gross. Er hatte seine Praxis im Oederweg und erinnerte sich noch nach so langer Zeit an meine Mutter. Sie erholte sich nie von ihrer Operation. Sie trug schwer am Kummer um ihren Mann, machte sich Sorgen um ihr Kind und ihre eigene schlechte Gesundheit. Sie litt unter den antisemitischen Gesetzen des Naziregimes und gewann die schreckliche Einsicht, dass es gefährlich war, Jude zu sein. Es war zuviel, sie starb im Jahre 1937. Meine Welt zerbrach. Kein Zuhause, weder Mutter noch Vater. Ich war ein mürrischer, stiller Elfjähriger, der mit niemandem sprach und niemanden liebte. Das Leben war unfassbar.

Es wurde entschieden, dass ich bei meiner unverheirateten Tante Hilda und meiner alternden Großmutter in ihrem Haus leben sollte. Und ich sollte die jüdische Schule in der Stadt besuchen. Der Umzug aus meiner Wohnung in das Haus meiner Großmutter wurde zu einer weiteren Erfahrung und erschütterte meine Welt - eine weitere Sicherheit ging verloren.

Die Lage des Hauses meiner Großmutter spielte später eine Rolle, aber eigentlich machte ich mir noch keine Gedanken, was mir die Zukunft bringen würde. Großmutter wohnte im Erdgeschoss einer großen Villa mit fünf Räumen am Ohlauer Stadtgraben 16. Dort wohnten sowohl Juden als auch Christen. Unser Garten lag an der Hinterseite des Hauses, er hatte eine Fontäne und war mit Wänden abgeschirmt: ein ruhiger, lustiger und sicherer Ort. Ich erinnere mich daran, dass ich mit einem der christlichen Kinder im Haus spielte, der Tochter von Dr. Hentschel. Viele Jahre später ging ich in Frankfurt am Main zu einer

Augenuntersuchung. Ich war völlig überrascht, als ich erfuhr, dass die Augenärztin meine Spielkameradin aus der Kindheit war. Sie war wie ihr Vater Augenarzt geworden. Wir waren beide froh einander zu treffen, es war wieder einmal eine freundliche und angenehme Erinnerung.

Zur rechten Seite unseres Hauses in Breslau stand eine große und beeindruckende Villa: die „Hasevilla". Ein Gebäude, das 60 Jahre später eine wichtige Rolle in meinem Leben spielen sollte. Aber als ich bei meiner Großmutter lebte, war sie das Hauptquartier der Hitler-Jugend. Nach dem Zweiten Weltkrieg zog das erste Konsulat der DDR in die Hasevilla und im Jahr 1989, nach der Wiedervereinigung Deutschlands, die Botschaft der Deutschen Bundesrepublik. Ich werde später noch über meine persönliche Beziehung zu dieser Villa berichten. Unser Haus lag in einem der angenehmsten und begehrenswertesten Viertel von Breslau. Die Front unseres Hauses wies zur friedlich und langsam fließenden Oder, die parallel zu unserer Straße Ohlauer Stadtgraben lief. Der Fluss war ein Anziehungspunkt für fröhliche und amüsante Ereignisse rund um das ganze Jahr. Damals waren die Breslauer Winter lang, eiskalt und ließen die Knochen erstarren. Und wenn der Fluss gefror, strömten Schlittschuhläufer, Männer und Frauen, junge und alte, auf seine gefrorene Eisfläche. Paare tanzten zur Musik, die Kinder hatten ihre Freude an Eisspielen, und einzelne Schlittschuhläufer glitten dahin, schauten auf die Szenerie und genossen das Geschehen.

Unsere Straße führte zum „Feldfriedhof", einem ausgedehnten, ebenen und mit glattem Gras bedeckten Gebiet. Für mich als Kind war es ein wunderbarer Ort zum Spielen. Wenn die Winterkälte das Gras steif fror, benutzten wir Kinder es als Schlittschuhbahn. Der Fluss lebte auch im Sommer auf. Dann konnte man Boote an den Ufern mieten und ein Fährschiff setzte Urlauber auf die andere Seite zur Liebichshöhe über, auch mich, meine Tante und Großmutter. Auf der Liebichshöhe mit ihren sanften Hügeln, weiten Ausblicken und Bauminseln verbrachten Kinder und Erwachsene geruhsame Stunden, erfreuten sich am Sonnenschein und oft tranken sie eine Tasse Kaffee im Freiluftrestaurant. Von besonderem Reiz war für mich eine Maschine aus Metall in der Form eines großen und bunten Huhns. Es ließ nach dem Einwurf von zehn Pfennigen ein Ei in meine Hand fallen, eine kleine Dose voll mit Bonbons. Ich erinnere mich liebevoll an dieses Huhn und die Bonbons.

Trotz dieser angenehmen Umgebung fühlte ich mich wie ein Fremder. Vorbei waren die Tage, an denen ich mit meinen Freunden zur Schule gehen konnte, vorbei die Tage, wo ich eine integrierte Schule besuchen konnte, wie ich sie von der ersten Klasse an besucht hatte. Die Abtrennung der Juden von den Christen hatte begonnen, und ich wurde zu einer jüdischen Schule geschickt, eine Busfahrt entfernt. Natürlich waren mir da alle völlig fremd, und das Schlimmste war die schreckliche Stimmung. Es war ein Hexenkessel der Ängste. Den Lehrern war klar, was allen Juden rund um Deutschland angetan wurde. Sie hatten Todesangst, der Ort war eine Hölle. Deshalb ging ich nicht mehr zur Schule. Ich verließ unser Haus jeden Tag und kam zur festgesetzten Zeit zurück, aber statt zur Schule zu gehen, lungerte ich einfach in der Stadt herum. Ich verbrachte die Schulstunden mit langen Spaziergängen durch die Stadt, doch die meiste Zeit saß ich im Park und las Bücher.

Mein kindlicher Versuch, den Verhältnissen zu entfliehen, mein Herumlungern in der Stadt, blieb offensichtlich nicht unbemerkt. Eines Tages holten mich zwei Leute vom Jugendamt kurzerhand ab und brachten mich mit einem Zug in ein Lager für schwererziehbare Jugendliche ins schlesische Großrosen. Doch nach ein paar Tagen wurde den Behörden klar, dass ich als Elfjähriger zu jung war für diesen Ort, an dem zumeist Teenager untergebracht waren. Sie schickten mich zu einer Einrichtung in der Stadt Strigau, die meinem Alter entsprach. Dort musste ich ein Jahr lang bleiben. In Strigau fühlte ich mich wohl, denn es war ein angenehmes Heim, das Schutz und Sicherheit bot. Ich nahm an allen Veranstaltungen teil, warf mich auch in den besten Sonntagsstaat, um an den wöchentlichen Versammlungen teilzunehmen. Doch in keiner dieser Arrestanstalten für Jugendliche war ein Jude, ich war wieder der einzige Jude. Das bedeutete, es war nur eine Frage der Zeit, bis die Bürokratie mich als Juden identifizieren und mich schließlich nach Breslau zu meiner Familie zurückschicken würde.

Die weise Großmutter

Das Leben der Breslauer Juden verschlechterte sich im Jahre 1938 weiter, es gab keine Arbeit mehr für sie und somit keine Einkommen. Die Bewegungsmöglichkeiten der Juden wurden eingeschränkt, und viele Juden wurden einfach weggebracht. Der Haushalt meiner Großmutter litt unter dieser enormen Belastung, und es wurde entschieden, eine Pflegefamilie sei das Beste für mich. Ich wurde bei der Familie Peiser untergebracht, das war ein orthodoxes jüdisches Haus. Während des Jahres bei den Peisers feierte ich meine Bar Mizwa unter Kantor Muschel. Vielleicht kann man sie etwas mit der Firmung und Konfirmation bei den Christen vergleichen. Bei meiner Bar Mizwa war erstaunlich, dass ich die nötigen Schriften in lateinischen Buchstaben lesen und studieren durfte, da ich nicht Hebräisch lesen konnte.

Während dieser Zeit wurde mein Onkel Dagobert in das Konzentrationslager Buchenwald bei Weimar deportiert und meiner Großmutter wurde bewusst, dass etwas getan werden musste, um die Familie zu retten. Wir mussten Deutschland verlassen! Dies zu erwägen erscheint heute leicht, aber im Jahre 1938 war es für einen Juden beinahe unmöglich, ein Ausreisevisum aus Deutschland oder ein Einreisevisum in ein anderes Land zu bekommen. Die meisten Länder ließen jüdische Flüchtlinge nicht herein, so auch die Vereinigten Staaten, Kanada, die südamerikanischen Länder, die Türkei und viele andere. Um im Jahre 1938 ein Ausreisevisum aus Deutschland zu bekommen, mussten Juden die Vorfinanzierung der Ausreise nachweisen, egal ob per Zug, Schiff oder Flugzeug. Dazu kam noch der Nachweis eines Einreisevisums des Landes, das die Aufnahme garantierte. Die deutsche Regierung gab jedem ausreisenden Juden „großzügig" zehn Dollar für die Reise mit. Als Vorbedingung für die Erlaubnis, Deutschland zu verlassen, musste meine Großmutter auf alle Rechte verzichten und Ansprüche auf jegliches Vermögen aufgeben. Das schloss auch ihr Sparkonto ein, das ihr noch aus der Zeit vor der Ausweisung aus Posen geblieben war. Die Deutschen, die nach dem Ersten Weltkrieg Posen verlassen mussten, bekamen eine Entschädigung für ihr beschlagnahmtes Eigentum. Meine Großmutter hatte sich das Geld nie auszahlen lassen, und so konnten es die Zinsen vermehren. Bevor sie Deutschland verlassen durfte, musste sie diese Ersparnisse an das Deutsche Reich abtreten.

Warum Schanghai ?

Wie konnte es dazu kommen, dass ich vor dem Holocaust gerettet wurde, indem ich nach China floh? Weil Schanghai (shang.hai - die Stadt am Meer) mit ungefähr fünf Millionen Menschen aller Nationalitäten 1938 eine offene Stadt war, der einzige Ort in der Welt, der kein Visum für den Einlaß forderte. Und diese Willkommenshaltung galt auch für Juden. Meine Familie hatte von Schanghai, einer angeblichen "Stadt der Sünde" gehört, die nicht nur eine Heimstatt für Flüchtlinge und gegen Verfolgung war, sondern auch offen für Verbrecher, Schmuggler, Abenteurer und Glücksritter. Aber es war unsere einzige Chance. Meine Großmutter hatte herausgefunden, daß es diese "freie Stadt" gab, für die man kein Einreisevisum brauchte. Denn Japan, das im Jahr 1937 in China eingefallen war, betrieb eine "No Visa" Politik. So kam es, dass meine Großmutter all unseren Besitz verkaufte, das Haus, die Möbel, was auch immer einen Wert hatte. Und sie kaufte fünf sehr teure Schiffs-Fahrkarten für die Erste Klasse, das war die einzig erlaubte Klasse für jüdische Flüchtlinge.

Zunächst nach Triest

Unsere Gruppe bestand aus meiner Großmutter Fanny Reich, Onkel Dago, der sich mit den Ausreisedokumenten aus Buchenwald freikaufen konnte, seiner Ehefrau Ruth, meiner unverheirateten Tante Hilda und mir,13 Jahre alt und mitten in der Pubertät. Wir reisten im Februar 1939 mit dem Zug von Breslau nach Triest in Italien. Dort mussten wir vor dem Abschied von Europa weitere zwei Monate auf die Abfahrt unseres Schiffes warten. Meine Erinnerungen an diese zwei Monate in Triest haben sich mit den Jahren verdunkelt, aber ich war bald fasziniert von dem Essen. Ich werde mich immer an die köstlich warme Ziegenmilch und auch an die knusprigen Brötchen erinnern, die wir zum Frühstück aßen, aber auch an das bittere und unangenehme Gefühl unten am Fischmarkt, als ich zum ersten Mal eine Olive kostete. Natürlich lernte ich später Oliven schätzen, aber als diese erste Olive meine Geschmacksknospen traf, spuckte ich sie sofort und mit großer Kraft auf den Boden. Ich konnte nicht verstehen, wie irgend jemand so etwas essen konnte.

Glücklicherweise hatte meine Großmutter in Deutschland all die Ereignisse um uns herum sehr aufmerksam beobachtet und noch zur rechten Zeit Schritte unternommen, aus Deutschland herauszukommen. Andere Juden waren zweifellos genau so skeptisch, einige flohen, Millionen andere nicht. Im Rückblick ist klar, was geschah, aber zu jener Zeit erschienen vielen Juden die Hitler-Gesetze und Beschränkungen als „normale" Kriegsvorsichtsmaßnahmen und wurden ständig verstärkt. Im nachhinein können wir sehen, wie die Deutschen allmählich und immer entschiedener entschlossen waren, die jüdischen Bürger aus Deutschland herauszuwerfen, nachdem Hitler im Jahre 1933 die Macht ergriffen hatte. Meine Familie beobachtete die Rassenpolitik, die ab 1935 immer krassere Formen annahm und reagierte darauf. Wie konnte man denn übersehen, dass viele öffentliche Orte wie Parks und Theater für Juden verboten wurden, und dass der Kontakt zwischen Juden und Nichtjuden streng begrenzt wurde? Und später kam es noch so weit, dass die persönlichen Namen den Menschen als jüdisch oder nichtjüdisch identifizieren mussten. Die Zwangsvornamen Sarah für Mädchen oder Israel für Jungen wurden verordnet und mussten dem alten Namen zugefügt werden. Außerdem wurden die Pässe mit einem großen roten „J" gestempelt.Ich habe heute noch Tante Hildas „J-Pass", in den ich mit eingetragen wurde.

Trotzdem forderte die Gestapo sogar noch 1938 die Juden öffentlich auf, Deutschland zu verlassen, wenn sie ein Land für die Einwanderung finden konnten. Wenn! Sie ließen sogar Häftlinge aus den Konzentrationslagern frei, wenn die Verwandtschaft eine Einwanderungserlaubnis in ein anderes Land beschafft hatte. Mein Onkel Dago war einer der Glücklichen, der aus Buchenwald nach Schanghai fliehen konnte.

2. Acht Jahre Aufwachsen in Schanghai (1939–1946)

Ausreise mit Schwierigkeiten: Deutschland, Italien, China

Um für Zimmer und Verpflegung in der kleinen Familienpension in Triest aufzukommen, mussten alle ihre goldenen Ringe und andere Wertsachen zusammentragen. Wir benutzten die letzten ärmlichen Ersparnisse, um all das vorher zu bezahlen, das wir auf der langen Seereise vielleicht brauchen würden und um etwas „Bordgeld" zu haben. Und dann verließen wir im April 1939 den europäischen Kontinent auf einem der drei italienischen Schiffe, die zwischen Europa und China hin und her pendelten: auf der „Conte Verde" des Lloyd Triestino. Wir hatten außer etwas Bordgeld praktisch keinen Pfennig mehr. Vorher gab es noch ein lebenswichtiges Stück Formalie abzuarbeiten. Da ich minderjährig war, zu dieser Zeit gerade mal ein schüchterner Junge und wenige Monate über 13, benötigte ich die Erlaubnis eines Elternteils, Deutschland zu verlassen. Meine Mutter war tot, aber mein Vater lebte, und meine Großmutter befürchtete, dass er mir die Erlaubnis zur Ausreise verweigern würde.

Mein letztes Treffen mit meinem Vater war sehr unangenehm gewesen, denn ich war damals ein verärgerter Elfjähriger. Ich klagte ihn wegen seines schlimmen Verhaltens an, auch, weil er meine Mutter und mich verlassen hatte. Ich wollte meinen Vater nie wieder sehen und war viele, viele Jahre sehr verärgert. Nach dem Krieg hörte ich, dass mein Vater im Jahre 1942 im Konzentrationslager Mauthausen in Österreich umgekommen war. Das Papier, das mir seinen Tod mitteilte, war eine der üblichen deutschen Absurditäten: „... erschossen beim Fluchtversuch". Vielleicht warf er sich gegen den elektrischen Stacheldrahtzaun, um sein Elend zu beenden. Was weiß ich?

Um sicherzustellen, dass ich mit dem Rest der Familie Deutschland verlassen konnte, wurde entschieden, dass ich in den Pass meiner Tante Hilda eingetragen wurde. Ich musste also offiziell das Kind meiner Tante Hilda werden und wurde in der Passagierliste als Lutz Reich geführt.

Meine Schiffsabenteuer

Mit dem wenigen Bordgeld in unseren Taschen fürchteten wir alle den Augenblick der Ankunft in China, und ich konnte an nichts anderes denken als daran, wie ich an etwas Geld kommen könnte, bevor wir in Schanghai anlegen. Wir waren noch nicht einen Tag aus dem Hafen von Triest, als mir ein Plan einfiel. Ich ging in die Bar, zur einzigen Stelle auf dem Schiff, wo man Zigaretten kaufen konnte. Und mit unserem Bordgeld kaufte ich einige Stangen Zigaretten, die ich sofort zu einem höheren Preis an die anderen Passagiere verkaufte, jede Packung einzeln. Dabei verließ ich mich auf meine Menschenkenntnis. Die meisten Passagiere würden entweder zu vertieft in die Reise oder zu faul sein, um den weiten Weg bis zur Bar zu gehen und Zigaretten zu holen. Ich musste dem Barmixer sagen, dass ich die Zigaretten für meinen Onkel kaufe, aber er interessierte sich gar nicht, für wen sie waren; er wollte nur meine Unterschrift. Sofort und intuitiv unterschrieb ich mit meinem richtigen Namen, Lutz Witkowski. Für den Rest der Reise machte ich mir Sorgen, ob jemand herausfinden würde, dass kein Witkowski an Bord war, sondern nur ein Lutz Reich.

Im Verlauf der fünfwöchigen Fahrt konnten wir uns in allen Häfen ausschiffen lassen und sie besichtigen. Das waren Venedig in Italien, Port Said in Ägypten, dann durch den Suez-Kanal Richtung Bombay und Kalkutta, Indien. Wir legten auch in Ceylon an, das jetzt Sri Lanka heißt. Ich erinnere mich, dass ich in Ceylon „Conte Verde"-Abzeichen für Bananen und Ananas eintauschte, als kleine Händlerboote an der Seite unseres Schiffs entlang ruderten. Dann kamen wir nach Hongkong und schließlich fuhr die „Conte Verde" gemächlich den mit Dschunken und Sampans bevölkerten Whangpoo-Fluss hinauf nach Schanghai, das für die nächsten acht Jahre nun meine Heimat werden sollte.

Schanghai damals

Wir warfen im Mai 1939 die Anker vor der Küste des internationalen Gebietes, das aus Hongkew bestand, dem französischen und dem englischen Konzessionsgebiet.

Ich beschreibe die verwirrende Kolonialgeschichte dieser Stadt, um die sich viele Mächte der damaligen Zeit rauften, weil sie eine einmalige Situation schuf, die uns Juden die Möglichkeit zum Überleben gab. An den historischen Hintergrund Schanghais erinnere ich mich gut, weil er 2001 in einem Bulletin der „Vereinigung früherer Bewohner von China, Igud Yotzei Sin" sehr anschaulich mit vielen Fakten geschildert wurde. Der Bericht gab die Erinnerungen bei einem Treffen der „Old China – Hands" in den USA wieder. Im August 1842 wurde der Vertrag von Nanking von den Briten und Chinesen unterschrieben und beendete den ersten Opium-Krieg 1839-1842. Damit wurde Hongkong an Großbritannien abgetreten und Schanghai für den uneingeschränkten Außenhandel geöffnet. Von Großbritannien, Frankreich und den Vereinigten Staaten wurden Konzessionsgebiete eingerichtet, in denen sie exterritorial regierten und eine exterritoriale Rechtsprechung genossen. Im September 1846 wurden die Grenzen der ausländischen Ansiedlung, der Britischen Konzession, in Übereinstimmung zwischen den britischen und chinesischen Behörden, festgelegt und umfassten eine Fläche von 138 Morgen. Zwei Jahre später wurde das Gebiet auf 470 Morgen ausgedehnt. Die Fusion des großen amerikanischen Konzessionsgebietes mit der Ausländischen Siedlung im Jahre 1899 erhöhte die Gesamtfläche der zwei Konzessionsgebiete auf 5.583 Morgen. Dieses vereinigte Gebiet wurde offiziell die Internationale Zone. Die Grenzen des französischen Konzessionsgebietes wurden in Übereinstimmung mit China im April 1849 festgelegt und später erheblich ausgeweitet.

Neben den zwei ausländischen Enklaven umfasste die Stadtregierung von Groß-Schanghai das übrige Gebiet der Stadt und wurde ausschließlich von chinesischen Behörden verwaltet. Mit der Zeit wurden auch weitere Länder Teilhaber der Internationalen Zone und unterzeichneten Verträge mit China, die ihnen Vorrechte gaben, nämlich Belgien, Brasilien, Dänemark, Italien, Japan, die Niederlande, Norwegen, Portugal, Spanien, Schweden und die Schweiz. Auch diese Länder verfügten über exterritoriale Rechte und Privilegien. Die internationale Zone wurde vom Schanghaier Stadtrat verwaltet. Diese Regierungskörperschaft wurde durch 14 Vertreter repräsentiert, fünf Chinesen, fünf Briten, zwei Amerikanern und zwei Japanern. Die Zone wurde von britischen, amerikanischen, japanischen und italienischen Truppen verteidigt, während im französischen Konzessionsgebiet französische Armee-Einheiten stationiert waren. Es gab keine Einschränkung der Bewegungsfreiheit zwischen den zwei ausländischen Enklaven , auch nicht zwischen ihnen und China.

Seit 1937 hatten die Japaner China besetzt und eine Marionettenregierung eingesetzt. Sie richteten ihr Besatzungs-Hauptquartier in der Internationalen Zone ein, und zwar in Hongkew, einem Gebiet, das sie während ihrer Invasion zum Teil selbst mit ihren Bombardements zerstört hatten. Zur Zeit unserer Ankunft waren die Japaner Verbündete Deutschlands, aber noch nicht im Krieg mit den Vereinigten Staaten. So sah man noch Zeichen der amerikanischen Macht, ein Kontingent von US Marines hielt sich in Schanghai auf , amerikanische Schiffe lagen im Hafen und ein amerikanisches Konsulat bestand noch. Die Japaner waren nie antisemitisch, sie bewunderten hingegen alle Europäer wegen ihrer Kraft, hart zu arbeiten. Während der meisten Kriegsjahre unterschied Japan nicht zwischen jüdischen und nichtjüdischen Europäern. Trotzdem fand ich, dass die Japaner während der Besetzung Chinas grausam und herzlos zu den Chinesen waren.

Schanghai, die offene Stadt

Schanghai hatte eine einmalige Position, da seine Regierung keine Genehmigung für die Einreise in die Stadt forderte. In den späten 1930er Jahren gelang es ungefähr 18.000 Juden, Deutschland und Österreich Richtung Schanghai zu verlassen, mit dem Wissen, dass diese Stadt der einzige Ort der Welt war, der kein Visum erforderte. Wenn sie in diesem sicheren Zufluchtsort eintrafen, waren die europäischen Flüchtlinge weit weg von der beginnenden Judenverfolgung. Es wurde geschätzt, dass 1940 etwa 550.000 Chinesen und 65.000 "Abendländer" in den zwei Konzessionsgebieten lebten. Zu den "Abendländern" gehörten 24.000 jüdische Einwohner, 18.000 mitteleuropäische Flüchtlinge, darunter 4.500 russische Juden, 800 sephardische Juden und Juden verschiedener anderer Nationalitäten. 1941 brachte man ungefähr 1.000 jüdische Flüchtlinge aus Polen von Japan nach Schanghai. Nach dem japanischen Angriff auf Pearl Harbor im Dezember 1941 besetzten die Japaner Schanghai. Am 1. August

1943 begannen sie mit der Rückgabe der internationalen und französischen Konzessionsgebiete, was von der chinesischen Marionettenregierung gesetzlich verankert wurde. Japan kapitulierte am 14. August 1945, der Krieg im Pazifik war beendet. Die westlichen Mächte verzichteten auf ihre exterritorialen Rechte, und Schanghai kehrte nach 100 Jahren ausländischer Herrschaft wieder unter eine chinesische Regierung zurück.

Einleben in Schanghai

Wir waren nicht die ersten Juden, die in Schanghai ankamen: Unter den Millionen Menschen, die in Schanghai lebten, waren Tausende von askenasischen und sephardischen Juden. Viele prominente askenasische Juden waren nach der bolschewistischen Revolution aus Russland eingewandert, und viele sephardische Juden lebten in China seit ihrer Ausweisung aus Spanien während der Inquisition. Dazu kamen sephardische Juden, die aus dem Mittleren Osten eingewandert waren. Deshalb gab es, wie in jeder jüdischen Gemeinschaft in aller Welt in den Jahren nach 1930, gut eingeführte jüdische Organisationen mit dem Ziel, jüdischen Mitmenschen zu helfen. Wir hörten von den Hilfeleistungen der Jüdischen Gemeinde, einer jüdischen kommunalen Vereinigung, die sowohl religiöse als auch säkulare Hilfen anbot, wie Rechtsbeistand, Eheschließung, oder die Vertretung vor Gericht. Und wir wurden über das „Comittee for the Assistance of European Refugees in Shanghai (CFA)" informiert, das einen Fonds für die Unterbringung und Verpflegung jüdischer Einwanderer eingerichtet hatte.

Dennoch verbrauchten wir fast alle unsere mageren Geldmittel, um eine Woche in einer billigen Pension zu leben, während mein Onkel einen Job suchte. Niemand wollte nämlich unter den helfenden Schirm der jüdischen Hilfsorganisation, weil sie die Flüchtlinge in Heimen kasernierte. Männer und Frauen lebten dort zusammen wie Familien, und der Lebensraum wurde nur durch Vorhänge oder Decken abgetrennt. Die Flüchtlinge wurden in Gemeindeküchen verpflegt. Das war zum Glück nicht unser Schicksal. Onkel Dago war ein aktiver und ausgebildeter Sportler, ein Amateur-Mittelgewichtsboxer, Trainer und guter Masseur. Er war in Deutschland Mitglied der jüdischen Sportvereinigung Maccabi. Onkel Dago fand Arbeit als Masseur, und für einige Zeit lebten wir alle von seinem kleinen Einkommen. Später wurden er und Tante Hilde fest angestellt. Onkel Dagos Frau Ruth ging dagegen nie einer bezahlten Arbeit nach. Der Sport florierte damals. Fußball, Tischtennis, Leichtathletik und Boxen waren sehr populär. Onkel Dago gründete neben seiner Tätigkeit als Sportmanager des Christlichen Vereins junger Männer,YMCA ,sein eigenes Sportzentrum, das „Success College", sein Erfolgsinstitut. Und er zog mit seiner Familie in das französische Konzessionsgebiet. Tante Hilda hatte eine angeborene Begabung für Sprachen, wurde später Lehrerin am berühmten St. George College im englischen Konzessionsgebiet und unterrichtete Englisch, Spanisch und Französisch.

Als sie schließlich in die Vereinigten Staaten auswanderte, wurde der Stadtteil Queens in New York City einer ihrer liebsten Aufenthaltsorte. Dort wohnten viele spanisch sprechende Menschen und sie hatte die Gelegenheit, Spanisch zu hören und zu sprechen.

Wir zogen in eine Wohnung in einem Haus in Hongkew um, das im Osten von Schanghai liegt, wo hunderttausend Chinesen zusammengedrängt lebten, und die meisten der neu eingetroffenen deutschen und österreichischen Juden sich ansiedelten. Unsere Umgebung bestand aus ausgebombten Slums. Sie hob sich scharf ab von der eleganten Promenade am Whangpoo-Fluss, den Wohngebieten in den anderen Teilen der Internationalen Zone oder des Französischen Konzessionsgebietes, in dem sich viele der früher eingewanderten Juden niedergelassen hatten. Ihre Siedlung umfasste russische Aschkenazim und Sephardim, die zusammen etwa 12.000 Menschen zählten. Sie hatten es zu Reichtum und einem höheren Status in der Geschäftswelt gebracht und wurden bis 1938 nicht gezwungen, nach Hongkew umzuziehen. Dort wurden die Häuser zumeist mit Abbruchmaterialien aus den Ruinen wiederaufgebaut.

Die Wahl der Wohnung unserer Familie erwies sich als recht glücklich. Wir hatten uns 1943 schon gut eingerichtet, als die Japaner bekannt gaben, alle staatenlosen Juden, die nach 1937 gekommen waren, müssten nach Hongkew umziehen. Hongkew, das „Chinesische Konzessionsgebiet", wurde danach immer stärker überbevölkert und de facto ein Ghetto unter der strengen Kontrolle der Japaner. Sie benutzten die indischen Sikhs als extrem strenge und herzlose Polizisten. Das Dekret, so viele Flüchtlinge in Hongkew einzusperren, rief nicht nur einen großen Wohnungsmangel, sondern auch sonst viel Elend hervor.

Mein Onkel Dago und seine Frau Ruth waren schon weit vor 1943 in die französische Konzessionszone umgezogen, und meine Tante Hilda in die englische. Nach dem japanischen Erlass wurden sie gezwungen, wieder in unser Haus im chinesischen Konzessionsgebiet zu ziehen. Auch der Bruder meiner Großmutter, Großonkel Philip Reich, schloss sich unserem Haushalt an. Großonkel Philip war früher ein erfolgreicher Unternehmer in Deutschland. Er verkaufte die damals wohlbekannte Schuhcreme Solitor und litt sehr in China. Seine Frau, mit der er viele Jahre verheiratet war, hatte sich an ein gutes und leichtes Leben in Deutschland gewöhnt. Sie ließ sich von ihm scheiden und ging nach 1945 mit ihrer gemeinsamen Tochter in die USA. Er starb ohne seine Frau und sein Kind mittellos in China. Nach seiner Scheidung lebte er vor seinem Tod in unserem engen Sechs-Personen-Haushalt, der zu dieser Zeit nur einen Verdiener hatte: mich.

Leben in Schanghai

Welch ein verwirrter und unglücklicher 13jähriger war ich jetzt in China, so eng an eine Familie gekettet, zu der ich wenig oder gar keine Beziehung hatte und fast nichts gemein. Warum fühlte ich mich immer am falschen Platz? Was war geschehen, dass ich praktisch außerhalb der jüdischen Gesellschaft aufwuchs und alle meine Freunde Christen waren? Was hatte mir Tränen in die Augen getrieben, als ich meiner Mutter erzählte, dass alle meine Freunde in der Hitler-Jugend waren und ich allein mich ihnen nicht anschließen durfte? Meine Mutter versuchte zu erklären - hörte ich ihr zu? Wie konnte ich einen neuen Weg in Schanghai beginnen? Ich hatte immer meine eigenen Ideen, hielt mich an eigene Ratschläge und hatte meinen eigenen Kopf. In der ersten Zeit in China war ich noch sehr jung und hatte dennoch beschlossen, unabhängig von meiner Familie zu leben, mein eigenes Geld zu verdienen und meine eigenen Lebensmittel einzukaufen, denn das Essen meiner Großmutter war für mich ungenießbar. Ganz am Anfang vor der japanischen Besatzung, als noch jeder sich in und aus der chinesischen Zone frei bewegen konnte, bekam ich eine Arbeit als Helfer eines Elektrikers in einem Elektrogeschäft. Es gehörte einem österreichischen Juden mit Namen Kern. Die Fertigkeiten in elektrischer Installation und Reparatur, die ich dort erwarb, waren mir später eine große Hilfe.

Das chinesische Konzessionsgebiet war das größte aller Bezirke und gleichzeitig das ärmste. Die meisten Einwohner waren mittellose Chinesen und kaum fähig, sich mühsam ihren Lebensunterhalt zu erarbeiten. Die sanitären Zustände waren abscheulich, die Abfälle wurden jeden Morgen von Kulis eingesammelt. Krankheiten wie Malaria brachten die Menschen häufig um. Die Mischung aus einer ärmlichen Kost, unsauberem Wasser, schweren Krankheiten und fast keiner ärztlichen und medizinischen Hilfe verursachten zusammen mit unglaublich engen Lebensbedingungen mehr Todesfälle als alle Kriegshandlungen. Unsere Familie hatte natürlich auch kein sauberes Wasser in der Wohnung. Das Wasser kam aus dem Fluss, passierte zwar eine Reinigungsanlage, aber die Wasserleitungen waren nicht in Ordnung, so dass alles Wasser abgekocht werden musste. Wie alle mussten wir dieses knappe und kostspielige Gut in einem nahen Lebensmittelgeschäft kaufen. Die armen Chinesen tranken häufig heißes Wasser statt den kostspieligeren Tee, um ihren Durst zu stillen.

Die Winter waren sehr kalt, der Sommer brachte große Hitze und Luftfeuchtigkeit. Der Tod war alltäglich. Wenn jemand im Bezirk starb, wurde die Leiche zum Aufsammeln durch die Gesundheitsbehörde vor das Haus gelegt, da es kein Geld für die Beerdigung gab. Für diese Beseitigung mussten die Bewohner eine kleine Gebühr bezahlen, deshalb legten arme Familien ihre Toten vor andere Häuser. Sobald deren Bewohner die fremde Leiche vor ihrer Tür sahen, brachten sie sie sofort an einen anderen Ort. Diese hin- und hergeschobenen Leichen waren ein üblicher und täglicher Anblick. Nachdem die japanische Besatzungsmacht alle Einwanderer, einschließlich meinem Großonkel, meinem Onkel und zwei Tanten, in den Chinesischen Bezirk abgeschoben und ihnen das Verlassen verboten hatten, verschlechterten sich die Lebensbedingungen noch mehr. Es gab dort keine Industrie, weder Erwerbsquellen, noch ein verfügbares Einkommen, um irgend etwas zu kaufen. Offensichtlich war dort nichts, wo man Arbeit finden konnte, es war auch nicht möglich, einen kleinen Konzessionsbetrieb oder Laden aufzumachen. Weder die Chinesen noch die heimatlosen Europäer hatten eine Erwerbsquelle oder die Möglichkeit des Lebensunterhalts. Es war ein Armutsviertel.

Jüdische Organisationen, wie die Relief-Aid Committees, fuhren fort, den neu angekommenen Flüchtlingen zu helfen. Ich schaute oft verwundert zu, wenn neu angekommene europäische Juden sich vor den Volksküchen in einer Reihe aufstellten, alle elegant und modisch gekleidet, aber das waren wahrscheinlich die einzigen Kleidungsstücke, die sie besaßen. Wir waren besser dran, vor allem weil ich Arbeit hatte, mit der ich unsere Familie unterstützen konnte. Wir hatten unsere eigenen Zimmer und mussten nicht in „Heimen" hausen. Als sich die Lage für die Juden in Europa verschlechterte und die „Endlösung" in Gang kam, wurde der ständige Fluss von Flüchtlingen nach Schanghai zu einer Sturzflut von heimatlosen, herumgeschobenen und mittellosen Menschen. Die Wohlfahrtsorganisationen wurden weit über ihre natürlichen Grenzen ausgebaut.

Vor der von den Japanern erzwungenen Beschränkung der heimatlosen Juden auf Hongkew hatte ich mich daran versucht, einen wichtigen Haushaltsgegenstand zu planen, zu konstruieren, zu fertigen und an Geschäfte zu verkaufen. Er war sehr billig und fast jeder braucht ihn: eine Kochplatte mit einem zweiflammigen Brenner. Den Bau des Metallrahmens vergab ich an einen Mann, der schweißen konnte. Ich erledigte die Elektroarbeiten und den vollständigen Zusammenbau. Das brachte mir ein kleines Einkommen, aber auch das wurde abrupt durch die japanische Besatzung gestoppt. Hunger, Unterernährung, Arbeitslosigkeit, Krankheit und Verzweiflung waren unter der japanischen Besatzung üblich, nachdem sie ihre bisherige projüdische Politik allmählich änderte, besondere Zonen einführte und Passierscheine für Eintritt und Ausgang verlangte.

Arbeit und Vergnügen

Die Menschen hatten große Schwierigkeiten, den Hongkew-Bezirk zu verlassen. Aber ich war einer der wenigen Glücklichen. Ich traf einen Juden, der die Aufgabe hatte, chinesische Zwangsarbeiter in einer Textilfabrik für japanische Militäruniformen zu beaufsichtigen. Er erklärte mir, er könne bei seiner Arbeit die japanische Forderung, „mit der „eisernen Faust durchzugreifen", nicht mehr aushalten. Die grausamen täglichen Strafen und das unmenschliche Verhalten gegenüber den chinesischen Arbeitern machten ihm zu schaffen. Später erfuhr ich selbst, worüber er redete. Chinesische Arbeiter, die man dabei erwischte, wie sie auch nur den kleinsten Gegenstand stahlen, ein Stück Tuch oder einen Happen Essen, wurden kopfüber an ihren Fersen aufgehängt und einen ganzen Tag so hängen gelassen. Man schlug sie mit Gewehrkolben und begoss sie im Winter wie Sommer mit Wasser, bis sie bewusstlos wurden. Erstaunlicherweise lebten sie noch, wenn sie abgeschnitten wurden. Die Japaner bevorzugten diese Bestrafung, ehe sie die Missetäter laufen ließen. Sie behaupteten, alle Chinesen seien Diebe und der so bestrafte würde nie wieder stehlen. Wohingegen ein frisch rekrutierter Arbeiter, der die Strafe nicht kannte, wahrscheinlich versuchen würde, zu stehlen. Einmal - und nur ein einziges Mal - kam ich zu spät zur Arbeit und mir stand ein rasender japanischer Offizier gegenüber, der mir seine Pistole mit den Worten ins Gesicht schlug: „Wenn das wieder geschieht, erschieße ich dich". Ich kam nie wieder zu spät.

Mein Tageslauf begann mit dem sehr frühem Aufstehen, etwas heißem Tee und Brot für das Frühstück und dann dem schnellen Gang zu der Ecke, wo ich um 7.00 Uhr von einem Lastwagen abgeholt wurde. Dieser wurde von einem chinesischen Fahrer gefahren, mit einem japanischen Aufpasser auf dem Beifahrersitz. Wir saßen auf Bänken, die an den Längsseiten des Lastwagens angeordnet waren. Ich war der einzige Europäer, der die wortlose 45-Minuten-Fahrt zur Fabrik mit den chinesischen Arbeitern teilte.

Chinesische Mentalität

Ich beschloss, etwas Chinesisch zu lernen, und nach einiger Zeit sprach ich es ziemlich fließend. Aber am Anfang sagte ich zumeist „Memecho" - Sprechen Sie langsam! Ich habe in meinem Leben einige Sprachen erlernt, aber zumeist waren die ersten Worte mehr von der Art „Ich liebe Dich". Aber nicht in China. Es gab keine Verbrüderung zwischen Männern und Frauen der jüdischen, europäischen und chinesischen Kulturen. Es gab damals in China zwei Arten von Frauen. Einmal die sehr Keuschen, die von ihren Familien eifersüchtig und militant beschützt wurden und eine hohe Wertschätzung genossen. Und es gab die Prostituierten.

Während ich bei der Arbeit war, versuchten auch meine Familienmitglieder draußen in irgendeiner Weise etwas Geld zu verdienen. Ohne Arbeit mussten sie sonst zu Hause unerträglich langweilige Tage durchstehen und sehnten den Tag herbei, an dem sie weggehen könnten. Zu meinem Erstaunen und großen Vergnügen schaffte ich es, mich wirklich angenehm in die chinesische Lebensweise hineinzufinden. Ich schätzte und erkannte ihre engen Familienbande an und genoss die Beziehungen zu ihnen enorm. Wenn sie traurig oder glücklich sind, wenn es Streit in der Familie gibt, dann zeigen sie ihre Gefühle, und der ganze Kreis der Familie ist von diesen Aussprachen betroffen. Das stand völlig im Widerspruch zu meiner „deutschen" Familie, sie war still, nach innen gewendet, respektvoll gegenüber dem Lebensraum der Anderen bis zum Extrem.

Kochen war bei den Chinesen wie das Ausüben einer Religion. Jede Mahlzeit, egal welch einen bescheidenen Anlass eine Feier hatte, begann mit reichlich Diskussionen über Vorbereitung, Ausstattung und Tischordnung. Es gab immer viele Gespräche und Gelächter am Tisch. An unserem Tisch in Deutschland war es still, oft sogar mürrisch, und die Mahlzeiten wurden schnell gegessen und waren schnell vorbei. Die Deutschen sind von Natur aus ruhiger und führen ihre Unterhaltungen und Diskussionen bei Tisch oft fast flüsternd. Das scheint mir ein Verhaltensmuster zu sein, das auch dazu benutzt wird, um etwas zuzudecken.

Die Chinesen haben wegen ihrer religiösen Toleranz und Tradition sehr wenige Vorurteile gegenüber Menschen anderer Rassen, Hautfarbe, Religion oder Herkunft. Ihr Handschlag gilt viel. Diese Haltung, die sich von unserer unterscheidet, diese Lebensweise berührte und beeinflusste mich beträchtlich. Und ich wurde während meiner Zeit in China allmählich der Mensch, der ich sein wollte. Ohne es damals zu wissen, begründete ich für mich eine Lebensphilosophie, der ich mein weiteres Leben folgen sollte.

Anfangs benutzte ich mit großem Risiko die Ausweis-Karte meines Freundes, um in die Fabrik zu kommen. Später bewarb ich mich ordnungsgemäß mit meinem eigenen Namen um die Arbeitsstelle. Schließlich war ich der einzige Lohnempfänger in unserem Haushalt. Ich war eine der sehr wenigen Privilegierten in der chinesischen Zone, die einen Passierschein hatten und täglich den Bezirk verlassen konnten. Alle anderen wurden innerhalb der Grenzen der Chinesischen Konzession eingesperrt. Interessanterweise war mein Passierschein in japanischer Sprache gedruckt und von den Japanern ausgestellt, was das Heraus- und Hereinkommen in den Bezirk sehr leicht machte. Alle anderen Arbeiter hatten chinesisch geschriebene Ausweiskarten. Die chinesischen Arbeiter, die kaum genug Lohn für ihren Lebensunterhalt bekamen und gerade nur so viel zu essen, dass sie gesund genug für die Arbeit blieben, litten schrecklich unter den Arbeitsbedingungen.

Meine Aufgabe war es, die Chinesen zu beaufsichtigen. Ich muss sagen, dass ich sehr gut mit ihnen auskam. Eine andere Aufsehergruppe waren die indischen Sikhs, aber sie hatten ihre Probleme mit den chinesischen Arbeitern. Die Sikhs hatten die Aufgabe, um das Gebäude zu patrouillieren und dabei die Ankunfts- und Abfahrtszeiten der Chinesen zu überprüfen und sie bis ins Detail zu überwachen. Die Inder waren ziemlich grausam gegenüber den Chinesen, sie berichteten die kleinste Regelverletzung den Japanern, deren Strafen für die Chinesen, wie beschrieben, schwer und herzlos waren. Für die Chinesen waren die Sikhs ebenso große Feinde wie die Japaner. Die Sikhs konnten sich nur auf eine einzige Art vor der Rache der zahlenmäßig überlegenen chinesischen Feinde schützen: sie mussten Tag und Nacht in der Fabrik leben und durften nie den Fabrikbereich verlassen und in die chinesischen Straßen gehen. So wurden die Sikhs in Wirklichkeit Häftlinge der Chinesen.

Ich selbst versuchte, das Beste aus dieser Feindschaft zu machen und konnte später das Sprachengemisch aus britisch-indischem Englisch, das ich von den Sikhs lernte, sehr gut gebrauchen. Ich hatte freien Ausgang aus dem Bezirk und konnte ohne Bedenken zur Fabrik kommen oder gehen. Und tatsächlich gab mir der chinesische Koch übrig gebliebenes Zusatzessen, das ich aus der Fabrik hinausschmuggeln konnte, und zwar durch ein Loch, das ich von der Innenseite der Fabrik zum Garten draußen grub. Weil ich nur einen Hungerlohn verdiente, wurde ich von der japanischen Verwaltung mit getrockneten Bohnen, Reis und Öl entschädigt. Dies zusammen mit der Nahrung, die ich jeden Tag hinausschmuggelte - oft einige Kantinentöpfe voll Essen - half den Mitgliedern unseres Haushalts beim Überleben.

Mein Leben bestand nicht nur aus freudloser Arbeit. Nach den Arbeitsstunden durchstreifte ich oft die zusammengedrängten, schlecht beleuchteten, geräuschvollen Straßen, wo offene Stände, die Rücken an Rücken standen, einen jederzeit geöffneten Markt bildeten. Es war unterhaltsam, die Leute zu beobachten, die Szenerie von Hausierern und schlurfenden, lebhaften, chinesischen Kunden zu sehen, die sehr viel redeten und ihr Geschäft betrieben. Ich schaute den Pedicabs zu - das sind Rikschas, die von einem Fahrrad angetrieben werden. Der Duft von heißem Öl, Gewürzen und kochendem Essen füllte die Straßen. Es war sehr schwer für mich, die paar Pfennige nicht auszugeben, die ich in der Tasche hatte. Ich kostete alles und hatte meine Freude an fast jeder chinesischen Speise. Eine meiner erschwinglichen Leibspeisen waren die heißen, wohlschmeckend gebackenen süßen Kartoffeln. An einem kühlen Abend wärmten diese dampfenden Kartoffeln, die ich in einer Zeitung gereicht bekam, meinen Magen, erfreuten meinen Gaumen und erinnerten mich daran, dass das Leben nach all dem Vergangenen schön war. Der chinesische Straßenhändler mit seinen heißen Kartoffeln hatte sich ein Ölfass gesucht, eine ungefähr 80 cm breite Tonne. Innen wurde sie mit Schamottsteinen verkleidet und mit Ziegelsteinen ausgelegt. Diese Steine waren über einem Eisenrost uneinheitlich in der Trommel angeordnet und bildeten so Regale für die Kartoffeln. Am Boden der Trommel, unter dem Eisenrost, unterhielt er ein Holzfeuer. Wenn die Steine sehr heiß wurden, legte er die Kartoffeln darauf und wartete, bis der Backprozess seine magische Wirkung entfaltete. Bis zum heutigen Tag zaubern süße Kartoffeln, die ihre vertraute fruchtig dunkelbraune Süße verströmen, bei mir immer angenehme Erinnerungen herbei, voller Geschmack und voll von chinesischem Lachen und Schwatzen.

Eine andere besondere und billige Belohnung, die ich liebte, war das köstliche, stark geröstete Brot aus Mehl und Wasser, geflochten wie der Pferdeschwanz der Frauen, und in heißes Öl getunkt: „Ta Ping!" Die Straßenhändler riefen, "Essen Sie Ta Ping!" Ich tat das oft. Manchmal konnte ich mir ein Glas Reiswein leisten, das in kleinen Läden verkauft wurde. Sie sahen eher wie ein Schnellrestaurant aus, dort wurde der Wein mit einer Suppen-Schöpfkelle aus einem Metalltopf ausgeschenkt. Als wir viele Jahre später zu Besuch nach China kamen, hielt ich Ausschau nach den Kartoffel-Händlern, aber die modernen Zeiten haben sie vertrieben. Ich schaute auch nach einer anderen Lieblingsspeise: „Sasinku", das sind gezuckerte Erdnüsse, die nach Gewicht verkauft werden. Ich fragte eine Straßenhändlerin nach "Sasinku". Sie schaute mich mit weiten dunklen Augen an und war für einige Sekunden sprachlos. Dachte sie, dass ich aus der alten Zeit käme? Sie hatte eine ganze Palette mit Erdnüssen aller Art, auch die mit Zucker umhüllten waren dabei. Aber sie hießen nicht mehr Sasinku, ein Begriff der seit Jahrzehnten nicht mehr benutzt wurde. Der überraschte und ungläubige Ausdruck ihres Gesichts zeigte mir, dass sie nicht verstehen konnte, wieso ein deutscher Tourist mit diesem „archaischen" Begriff vertraut war!

Das waren also die Jahre meines Erwachsenwerdens. Als richtiger Einzelgänger war ich absolut frei, überall hinzugehen, mich aufmerksam umzuschauen und meine Beobachtungen zu machen. Schanghai war eine große, geschäftige Stadt voller Gehsteigcafes, Schneidergeschäfte, Gemüsehändler, es gab Zeitungen aus aller Welt, jüdische und jiddische Publikationen, Buchläden und Bordelle. Es gab alles. Keine Entfernung war zu groß, keine Herausforderung zu abschreckend.

Auch wenn es ein langer Weg dorthin war, so wagte ich mich doch oft hinaus zu den Schanghaier Werften. Für einen jungen Mann aus der Mitte des europäischen Kontinents wirkten die großen, würdevollen Schiffe abenteuerlich, eines neben dem anderen, meilenweit hinter der Küste aufgedockt. Andere ankerten im Meer und warteten darauf, entladen oder beladen zu werden. Es war ein großes Schauspiel und weckte romantische Träume, denn alles mischte sich zu einer großen, schönen Szene. Was konnte es Aufregenderes geben! Vor 1941 und dann wieder nach dem Krieg durften die Leute frei über die Docks wandern, die Schiffe prüfend betrachten, mit den Matrosen reden und die Läden an den Anlegestellen besuchen. An arbeitsfreien Tagen verbrachte ich oft meine ganze Zeit unten am Hafen, manchmal saß ich nur da und starrte hinaus auf das offene Meer. Ich versetzte mich auf eines dieser Schiffe und konnte mir vorstellen wie ich diese Küste verlassen würde, hinaus aus dem Hafen und hinein in den offenen Ozean.

Nicht allzu weit weg waren wie in jedem großen internationalen Hafen die Nachtclubs und die Bordelle. Ich sah meinen ersten Betrunkenen in China und sollte mit der Zeit noch viele betrunkene Leute sehen. Die Nachtclubs reihten sich neben den Straßen aneinander, drum herum betrunkene Matrosen aus aller Welt, sie sprachen Englisch, Französisch, Hindi, Urdu, Arabisch, Spanisch. Viele Sprachen und Dialekte waren in diesen lauten Straßen zu hören. Wie schade, dachte ich, dass sie all ihr hart verdientes Geld für Alkohol, Drogen und Dirnen ausgeben. Nach dem Krieg kamen die amerikanischen Marines und ihre immer präsente Militärpolizei, aber diese makabre und lebendige Szenerie blieb die Gleiche. Nur die Spieler wechselten. Für mich war der Schanghaier Hafen eine billige und faszinierende Unterhaltung.

Die Juden regelten ihr Leben innerhalb des Ghettos selbst und unterstützten sich gegenseitig. Wir planten und heckten unsere Zukunft aus. Tägliches Elend und Langeweile wurden gelindert durch kulturelle Veranstaltungen wie Musicals und Opern, die von den österreichischen Juden organisiert wurden. Seltsame und verblüffende Geschichten ereigneten sich täglich. Jeder hatte im chinesisch-jüdischen Ghetto eine besondere Geschichte zu erzählen. Ein Mann, der die ganze Strecke von Vietnam zu Fuß gelaufen war, wollte, wenn er überleben sollte und nach „Erez Israel" käme, ein frommer Mann werden. Viele Jahre später lief ich durch Jerusalem, da lächelte mich ein vertrautes Gesicht unter einem langen und vollen Bart an und sagte „Hallo!". Er hatte es geschafft! Später bekamen mein Onkel und meine Tante Passierscheine auf Zeit und konnten ebenfalls den Bezirk verlassen.

Im zionistischen Betar, einer nationalen jüdischen Bewegung

Bald jedoch kam der Tag, als mir klar wurde, dass ich meine Arbeit in der Fabrik aufgeben musste, auch wenn das Alle in Not bringen würde. Denn das Schlimme war, dass die Japaner nicht zwischen deutschen Christen und deutschen Juden unterschieden: Eines Tages warf mir ein Japaner plötzlich aus heiterem Himmel vor: „Euer Hitler hat uns verraten, und wir werden den Krieg verlieren!" Es wurde mir klar, dass es Zeit war, dort wegzukommen, bevor am Ende die amerikanische Invasion begann. Nach der Ankunft der Amerikaner begingen alle japanischen Beamten in der Fabrik Harakiri. Sie waren grausame Leute.

Während meiner langen, fremdartigen und dennoch erfrischenden Jahre in China erwachte in mir mein jüdisches Erbe. Zum ersten Mal in meinem Leben entwickelte ich ein ernsthaftes, begeistertes und starkes Interesse am Judaismus, an unserer Religion und unseren Kämpfen. Nachdem ich die tägliche Arbeit in der Fabrik beendet hatte, ging ich immer häufiger zu der zionistischen Organisation Betar, die als zionistische Jugendbewegung im Jahr 1923 gegründet wurde. Später wurde ich eines ihrer Vorstandsmitglieder. Ich lernte neue Bedeutungen des Begriffs „Zionismus" kennen. Ich lernte, dass unser Volk im Kampf war, sowohl diplomatisch als auch körperlich gegen einige der größten Mächte der Erde. Und ich diskutierte mit über den Kampf um ein Vaterland. Diese aufgeheizten Diskussionen unter unseren begeisterten und leidenschaftlichen Mitgliedern zündeten ein Feuer in meinem Herzen an, das bis heute nicht erloschen ist.

Neunzig Prozent der Betar-Mitglieder waren österreichische Juden, eher kämpferische Typen, im Gegensatz zu den deutschen Juden, die eher zu liberalen und sozialen Träumen neigten. Die Wahrheit ist: ich bevorzugte die Österreicher als Freunde. Betar zog mich an wegen seiner Hingabe, eine jüdische Nation zusammenzuschmieden und wegen des offensichtlichen Selbstbewusstseins und der Tapferkeit. Alle Mitglieder trugen gutaussehende braune Uniformen mit einem feinen Ledergurt über die Brust, einem „Bandoleer", und ihre flotten Mützen rundeten das Erscheinungsbild ab. Mein einziger brennender Wunsch wurde es, nach „Erez Israel" zu gehen und für mein Volk zu kämpfen. „Erez Israel" ist der alte Begriff für das Land Israel, das die Propheten schon viele Jahrhunderte vor Christi Geburt als das uns von Gott verheißene Land beschrieben hatten, in das wir zurückkehren würden. Für uns Zionisten war „Erez Israel" viel mehr als nur ein geographischer Begriff, er schloss besonders in der Zeit des Holocaust die Hoffnung auf Erlösung vom Leiden der   Judenverfolgung ein. „Erez Israel" war ein Begriff für eine tiefe Sehnsucht, es sollte wieder „unser Land" werden, in dem wir frei und selbstbewusst leben können.

Wir leisteten viel sinnvolle Arbeit bei Betar, aber nachdem die Amerikaner gerade in Schanghai gelandet waren, drehten wir ein sehr dummes Ding. Als die Amerikaner im Jahre 1945 in Schanghai einmarschierten, zogen wir unsere Uniformen an und gingen zur japanischen Polizeiwache. Wir sagten ihnen, der Krieg sei vorbei und sie müssten sich uns ergeben! Sie taten das wirklich, aber wir hätten leicht unser Leben verlieren können. Ich erinnere mich an die Aufregung derJapaner bei den Vorbereitungen für die Ankunft der Amerikaner. Sie beschlossen, ein Empfangskomitee von hochrangigen Persönlichkeiten zusammenzustellen, das die Eroberer auf dem Flughafen begrüßen sollte, wenn sie ihr Transportflugzeug verlassen. Die Amerikaner ignorierten sie aber völlig, fuhren mit ihren Autos und Jeeps hinter ihnen vorbei direkt zum japanischen Hauptquartier und nahmen die Stadt in Besitz.

Zum ersten Male in meinem jungen Erwachsenenleben faszinierte mich mein jüdisches Erbe. Ich begann, in eine Lubavitcher Yeshiva zu gehen, studierte den Talmud in dieser Schule und beschäftigte mich intensiv mit dem Judentum. Weil ich alles über jüdische Rituale und jüdische Geschichte in den Jahrtausenden unserer Existenz erfahren wollte, schloss ich mich einem kleinen Kreis ähnlich denkender Juden an, die von dem Rabbiner Adler angeleitet wurden. Ich lernte auch eine andere religiöse Persönlichkeit kennen: A. Kalmonovich, einen polnischen Juden und Führer unserer Betar-Gruppe im chinesischen Bezirk. Er lernte dann ein Mädchen kennen und heiratete es. Sie gingen später in die Vereinigten Staaten und gründeten eine Farm, die sie „Tel Aviv" nannten.

Meine Englischkenntnisse und die Kontakte zu Betar halfen mir, Arbeit bei den siegreichen Amerikanern zu bekommen. Sie brachten ihr amerikanisches Essen und ihre Getränke mit nach Schanghai, ihre Lebensweise, Kinofilme, und für mich am wichtigsten: Arbeit. Kurt Seidel, ein österreichischer Jude und Betar-Mitglied, machte seinen Einfluss geltend, so dass ich mit ihm Arbeit auf dem Kiangwan Flughafen bekam. Meine Aufgabe war es, die elektrischen Systeme von C-46 Flugzeugen, den „Flying Tigers", zu reparieren und zu warten. Ich blieb dort ein Jahr lang und sparte mir Geld zusammen. Obwohl Kurt zwei Jahre älter war als ich und ein besser ausgebildeter Flugzeugelektriker, kamen wir recht gut vorwärts und blieben auch Freunde, als wir beide in Israel waren. Später arbeiteten wir bei EL AL in Israel zusammen, wo Kurt Chef der Elektroabteilung wurde. Kurt und ich machten sich über unser Aufwachsen in China

32

lustig. Wir lachten und sagten „Too-Young-To" - Immer zu jung! „Too-Young Too" war eine scherzhafte Umschreibung, die viele Chinesen für den Begriff Jungfrau benutzten. Ich war damals gerade 20 Jahre jung, hatte aber bestimmt schon 40 Jahre Lebenserfahrung.

Mein Wunsch nach Erez Israel zu gehen, wurde mit jedem Tag stärker, aber ich sah keine Möglichkeit, Schanghai zu verlassen. Ich war nicht so glücklich wie meine österreichischen Freunde, die zu ihrem Konsulat gehen konnten, dort ihre Pässe zurückholten und notwendige Schreibarbeiten für die Rückkehr in ihr Heimatland oder die Auswanderung in andere Länder abschließen konnten.

Mein „Heimatland" Deutschland hatte den Krieg verloren und es gab keine offizielle Regierungsvertretung in Schanghai. Bei wem konnte ich einen Pass beantragen - und wenn ich einen bekommen würde, wohin sollte ich gehen? Gewiss nicht zurück nach Deutschland. Soviel ich weiß, ging keiner der Schanghaier Juden nach Deutschland zurück.

Abschied von China

Legal konnte ich also nirgendwohin hingehen, und so beschloss ich, Schanghai auf illegalen Wegen zu verlassen. Ich besuchte das Hauptbüro von Betar im Französischen Bezirk, wo die meisten russischen Juden wohnten und sprach mit dem Führer dieser Gruppe, Herrn Liebermann. Da er sich an meine Aktivitäten bei Betar erinnerte, war es etwas leichter, von ihm ein offizielles Empfehlungsschreiben auf Betar-Briefpapier zu bekommen, das für mich hilfreich sein konnte. Für die meisten Zoll- und Grenzbeamten hatte dieses Papier zweifellos keine Bedeutung, aber für mich sollte es für die nächste Zeit der einzige „Pass" sein, den ich haben konnte.

Ich erzählte niemandem von meinen Abreiseplänen, selbst gegenüber meiner Familie blieb ich wie eine Muschel, geschlossen und still. Statt zur Arbeit zu gehen, lief ich eines Tages hinunter zu den Anlegeplätzen, wo die Schiffe nach Europa ausliefen. Ich hatte nichts dabei außer den Kleidungsstücken auf dem Körper, Dollars, die ich von meinem Arbeitslohn gespart hatte, meinen Geburtsschein, einen nutzlosen Schanghaier Personalausweis, den Empfehlungsbrief und die Adresse eines Betar-Kontaktmanns in Port Said, einem der Häfen, den die Schiffe nach Europa anliefen. Die Person in Port Said, deren Namen ich nicht kannte, sollte mich in einer Kamelkarawane nach Erez Israel schmuggeln. Zu dieser Zeit hatte ich keine Ahnung von den Ereignissen, die diesen Plan völlig umwerfen und den Verlauf meines Lebens ändern würden.

3. Von China über Frankreich und Zypern nach Erez Israel (1947-1948)

Als blinder Passagier

Mein Plan, an Bord eines Schiffs zu gelangen, war ebenso einfach wie verwegen. Im Dezember 1946 war es soweit. Es gab das übliche Abfahrts-Durcheinander mit verwirrender Betriebsamkeit, Leute sammelten und überprüften ihre Besitztümer, Wagen und Taxis kamen an, Menschen sagten sich Lebewohl und viele Gespräche liefen kreuz und quer. Ich mischte mich so unauffällig wie möglich in die Menge, und als ich eine einzelne Frau mit einem Kind auf dem Arm sah, ging ich auf sie zu und bot ihr an, das Reisegepäck den Landungssteg hinaufzutragen. Ich hob den Koffer hoch und lief voraus. Zu den zwei Beamten, die die Passagiere kontrollierten, sagte ich: „Meine Mutter kommt hinter mir." Sie ließen mich passieren, ich gab der legal Reisenden schnell ihren Koffer zurück und mischte mich unter die dicht gedrängten Menschen auf dem Schiff.

Es war natürlich nicht möglich, mich fünf Wochen lang ohne eine Art „Deckmantel" auf dem Schiff zu verstecken. Ich erfuhr, dass dieses Schiff, der französische Dampfer „Marechal Joffre", eine Gruppe orthodoxer Juden transportierte, Lubawitscher polnischen Ursprungs, die über Marseille in Frankreich ihr Ziel New York City ansteuerten. An diese frommen Männer wandte ich mich, bat um Hilfe und erzählte, ich sei ein Orthodoxer, der an der Lubawitscher Yeshiva studierte. Sie halfen mir. Gekleidet wie ein Lubawitscher, schlief auch ich in ihrer abgetrennten Unterkunft und nahm dort auch alle ihre koscheren Mahlzeiten ein. Wir hatten unsere eigenen Teller, Messer, Gabeln und Essutensilien und ich war sicher und in guter Obhut. Mein Leben als orthodoxer Lubawitscher Jude auf der „Marechal Joffre" war wohlgeordnet. Wir beteten dreimal täglich, lasen, studierten und aßen. Ich wünsche mir heute, ich hätte eine Fotographie von mir mit diesen weißen Strümpfen, dem schwarzen Anzug und Hut und wenigstens kurzen Schläfenlocken. Das muss ein hübscher Anblick gewesen sein.

Unser erster Anlaufhafen war Saigon, damals Französisch Indochina, wo zu meiner großen Bestürzung ein Kontingent ernsthaft kranker Fremdenlegionäre an Bord gebracht wurde. Später stellte es sich heraus, dass es sich bei ihnen um ehemalige SS- Leute handelte, die für die Franzosen in Indochina gekämpft hatten. Da es für sie keine Kabinenbetten gab, wurden sie auf Bahren auf dem offenen Deck untergebracht. In meiner neugierigen Art und mit meiner üblichen Vorsicht hatte ich einen jüdisch-französischen Armeeoffizier kennen gelernt. Er erzählte mir, diese Männer seien sehr krank. Sie hätten nach dem Krieg wählen können, was ihnen die französische Regierung anbot: entweder in Bergwerken zu arbeiten oder in der Fremdenlegion zu kämpfen.

Im Hafen von Dschibuti legten wir nicht an, aber zwei Leute wurden von einem kleinen Boot zu unserem Schiff eskortiert. Der Deckname des einen Mannes war Alexander Rispin - es war tatsächlich Eliahu Lankin, ein russischer Jude, der nach der russischen Revolution in Tientsin in China lebte und im Betar arbeitete. Ich habe immer angenommen, aber nie bestätigen können, dass der zweite Mann Shamir war, der spätere israelische Ministerpräsident. Von Eliahu wusste ich, dass er von den Briten in Palästina verhaftet worden war und aus dem britischen Gefangenenlager Eritrea nach Addis Abeba geflohen war. Nach großer Mühsal, wovon ich erst später erfuhr, half ihm eine jüdische Untergrundgruppe, aus Addis Abeba nach Dschibuti und auf unser Schiff zu gelangen. Es war nur eine Frage der Zeit, bis ich mit diesem Mann Verbindung aufnahm. Viele Juden an Bord betrachteten ihn mit Ehrfurcht und behandelten ihn mit stillem Respekt. Da er aus China kam, fiel es mir leichter, ihm zu vertrauen. Erst später hörte ich von seinem Heldenmut gegenüber den britischen Besatzern Palästinas.

Eliahu hatte im Jahre 1933 seine „Alija", seine Einwanderung in Erez Israel, von China aus gemacht und sich dem „Irgun Zvai Leumi" angeschlossen, als der arabische Terror eskalierte. Er war dann zum Befehlshaber dieser Untergrund-Organisation in Jerusalem ernannt worden. Eliahu machte später in Israel eine erstaunliche Karriere, wurde in die erste Knesseth gewählt, studierte Rechtswissenschaft an der Hebräischen Universität, war Rechtsberater der „Jerusalem Post" und unter Ministerpräsident Menachim Begin israelischer Botschafter in Südafrika. Aber auf diesem Schiff waren wir beide nur Zionisten, Patrioten, die verzweifelt um jeden Preis für die Freiheit unseres Volkes kämpfen wollten, damit es zurück nach Erez Israel gehen könne. Ich zeigte ihm meinen Brief von Betar und vertraute ihm meinen Entschluss an, in Port Said mit dem heimlichen Plan von Bord zu gehen, von dort nach Erez Israel geschmuggelt zu werden. Ich bin sicher, es war der Empfehlungsbrief mit der Unterschrift von Liebermann, der Eliahu von meinem ernsthaften Engagement für unser Land überzeugte. Dass ich Eliahu auf diesem Schiff traf, wurde zu einem der entscheidenden Schnittpunkte meines Lebens. Das Treffen legte die Grundlage für mein künftiges Engagement bei beiden Gruppen des Paramilitärs, die für einen unabhängigen Staat Israel kämpften.

Wegen den kranken Fremdenlegionären und der Furcht, Passagiere könnten fremdartige Krankheiten vom Schiff an Land tragen, hisste unser Schiff die gelbe Quarantäne-Fahne und bekam keine Erlaubnis, in Port Said anzulegen. Wir blieben außerhalb des Hafens vor Anker. Eliahu machte Ernst, mich vom Schiff zu lotsen. Er verhandelte mit verschiedenen Kontaktpersonen und sprach mit den Männern in den kleinen Booten, die aus unterschiedlichen Gründen zu unserem Schiff gerudert waren. Ich nahm ebenfalls mit mehreren Leuten Kontakt auf und bot demjenigen 100 meiner kostbar ersparten 200 Dollar an, der mich an Land bringen würde. Aber niemand fand sich bereit, sein Glück zu versuchen.

Ich musste die Pläne fallen lassen, mich auf Kamelpfaden nach Israel zu schmuggeln und mir einen anderen Plan ausdenken. Ich hatte keine Wahl und musste bis Marseille auf dem Schiff bleiben. Als es durch den Suez-Kanal fuhr und in das Mittelmeer kreuzte, erfuhr ich, dass einer der Köche ein Jude ist. Ich ging zu ihm und bot ihm eine beträchtliche Bestechungssumme an, damit er mir half, von Bord zu kommen. Von einem Schiff, in das ich mich unerlaubt und ohne Visum und Reisepass eingeschlichen hatte. Wir vereinbarten, dass er mich begleiten würde. Ich sollte mich ebenfalls als Koch verkleiden und den Pass eines anderen Seemannes benutzen. Und sobald ich sicher vom Schiff sei, sollte er sein Geld bekommen. Der Trick funktionierte in Marseille.

Von Marseille nach Paris

Da war ich nun Anfang 1947 auf festem Boden in Südfrankreich, ohne die Sprache, die Zollbeamten noch irgend einen Menschen zu verstehen. Eliahu, der später 14 Monate in Frankreich verbrachte, hatte mir eine Adresse ohne persönlichen Namen in Paris gegeben – aber mit der Zusicherung: „Die werden Dir helfen." Da ich nicht länger in Marseille bleiben wollte, lief ich zum Bahnhof mit meinen französischen Francs, die ich noch mit Hilfe meines Schiffskochs für 20 Dollar getauscht hatte, kaufte eine Fahrkarte und konnte nach stundenlangem Warten in den Zug nach Paris einsteigen. Glücklicherweise war es eine Direktverbindung Marseille-Paris, aber leider voll mit betrunkenen französischen Soldaten. Ich fürchtete mich fast zu Tode, sie könnten erfahren, dass ich ein „Deutscher" sei. Deshalb antwortete ich auf Englisch, wenn immer ich angesprochen oder gefragt wurde. Der Zug rumpelte immer weiter und die ungewohnte, aber schöne französische Landschaft, nahm meine Sinne gefangen. Ich tauschte den Rhythmus des rollenden Schiffs mit dem Schaukeln des holpernden Zuges.

Für den Geist und die Seele war es ein langer Weg von China nach Frankreich, aber erregt und mit großen Erwartungen bereitete ich mich auf das nächste Abenteuer vor. Auf der langen Reise nach Europa hatte ich meinen 21. Geburtstag erlebt.

Die Adresse in Paris stellte sich als ein glänzendes und prunkvolles Luxus-Hotel heraus, das ich mit einer etwas gespielten Tapferkeit vorsichtig betrat. Als ich an die Rezeption kam und nach Alexander Rispin fragte, nahmen mich ein paar ernstblickende Burschen von hinten unter den Arm, zugleich rief ein anderer hinter der Rezeption sein Zimmer an. Ich wusste noch nicht, dass Alex /Eliahu bei der Ezel-Gruppe ein führender Mann war und sich in diesem Hotel das europäische Ezel-Hauptquartier befand, und zwar mit stillschweigender Billigung der französischen Regierung. Sie war damals kein Freund der Briten und sogar froh, wenn eine Organisation gegen sie arbeitete. Eliahu war wohl mit dem Auto aus Marseille abgeholt worden. Er rief in Paris jemanden an, der sich um mich kümmern sollte und versprach, in ein paar Tagen wieder mit mir in Verbindung zu treten. Zwei Brüder kamen, sie hießen „Fellhändler", und brachten mich in ihre Wohnung. Als Eliahu später erschien und wir miteinander sprachen, erzählte ich ihm schließlich, ich sei ohne Papiere, Pass oder Visum. Ich war illegal in Frankreich. Eliahu machte mir ein Angebot, das ich jedoch ablehnte. Ich sollte nach Deutschland gehen und helfen, verschleppte Juden aus den Auffanglagern nach Erez Israel zu schmuggeln. Dann schlug er einen alternativen Plan vor: „Wir rüsten ein Schiff aus, das nach Israel fahren soll", vertraute er mir an, „aber es gibt eine 90 prozentige Wahrscheinlichkeit, dass es von den Briten aufgegriffen wird und die Passagiere wohl längere Zeit auf Zypern interniert werden." Das Schiff, das für ungefähr 18 Personen gebaut wurde und den Namen „Ben Hecht" bekommen sollte, würde von New York kommen, uns an der französischen Küste an Bord nehmen und nach Palästina bringen. Das musste ich mir erst mal durch den Kopf gehen lassen.

Direkt nach dem Krieg wurde Paris von allen Arten von Intrigen überflutet und die Gerüchteküche war voll in Betrieb. Jitzhak Shamirs Organisation, die Stern- Gruppe „Lechi - Kämpfer für die Freiheit Israels", war ebenfalls in Europa aktiv, und es dauerte nicht lange, bis der Stern-Vertreter Rosenberger auf mich zu kam: „Du kannst bei uns mitarbeiten und wir können dich nach Israel bringen", schlug er vor, „wir rüsten ein kleines Boot aus". Stern gefiel mir besser als Ezel. Nach meiner Meinung war diese Organisation effektiver und mutiger. Ezel kündigte immer an, bevor sie etwas in die Luft bombten, Stern bombte erst und rief danach an. Auch über dieses Schiffsangebot musste ich nachdenken. Und sann über die Bemerkung nach, das Boot sei „klein".

Inzwischen wurde Eliahu klar, dass ich nutzlos wäre, wenn mich die französische Polizei ohne Papiere fasste. Er schickte eine junge Frau, die mich zur Polizeiwache begleiten sollte, damit ich eine Art Aufenthaltsgenehmigung für Frankreich erhalte. Diese Frau war ebenso kompetent wie attraktiv. Später war ich überzeugt, dass sie Rechtsanwältin war. Eliahu hatte an alles gedacht, sie war in vieler Hinsicht überzeugend. Unsere Legende lautete, ich stamme aus einem Lager für „displaced persons" in Deutschland, habe die NS-Schlächterei überlebt und sei auf dem Weg nach Palästina. Während meines Aufenthalts in Paris brauche ich nun Papiere, da ich nicht illegal leben wolle. Die französische Polizei steckte mich jedoch sofort ins Gefängnis. Ich weiß nicht, was dann geschah, aber nach zwei Stunden wurde ich mit einer drei Monate gültigen Aufenthaltserlaubnis für Paris freigelassen. Dieses Papier habe ich heute noch.

Beide jüdischen Organisationen rüsteten bereits die Schiffe für die Abreise aus, ich hatte also nicht viel Zeit für meine Entscheidung und musste Klarheit gewinnen. Einer der Fellhändler-Brüder sagte mir dann, das Schiff sei bereits aus New York abgereist. Ich war nicht erpicht darauf, das Boot zu wählen, das Stern als „klein" beschrieben hatte. So entschied ich mich für das größere Schiff, die „Ben-Hecht". Sie war für 18 Leute konstruiert, sollte aber schließlich über 600 dicht aneinander gedrängte Menschen aus Frankreich zu unserer neuen Heimat transportieren. Hunderte von Leuten zu sammeln, um ihre illegale Ausreise aus einem Land zu bewerkstelligen, ist ein größeres Vorhaben. Ich hatte zwar meinen einmonatigen Aufenthalt in Paris bisher genossen, zum ersten Male nach vielen Jahren konnte ich wie ein menschliches Wesen leben. Trotzdem war ich sofort bereit, nach Israel abzureisen, als der Anruf kam.

Auf dem Schiff nach Erez Israel

Die meisten Mitfahrer trafen sich in einem Pariser Bahnhof, und wir fuhren Anfang März in überfüllten Waggons nach Grenoble, wo wir die Nacht im Opernhaus verbrachten. Am nächsten Tag schwoll unsere zusammengewürfelte Gruppe durch andere hoffnungsvolle Juden aus ganz Frankreich an. Wir fuhren nun zur Meeresküste, und zwar auf Lastwagen, die mit Planen abgedeckt waren. Die französische Polizei hielt still, „offiziell" wusste sie nichts, war aber offensichtlich bereit, einen „Haufen Juden" illegal ausreisen zu lassen. Wir mussten zu Fuß zum Ufer laufen, denn wir hatten keinen Hafen, sondern nur eine Stelle am südfranzösischen Strand, wo uns kleine Ruderboote zur „Ben Hecht" übersetzten, die ein paar hundert Meter vor der Küste ankerte. Wir packten uns wie Sardinen in den Bauch des Schiffs. Der kleine Innenraum war mit vielen Schichten hölzerner Regale für uns hergerichtet, jedes gerade so hoch, dass wir in horizontaler Lage hineinpassten. Eigentlich war es beinahe sinnlos, darauf zu bestehen, dass wir tagsüber alle unter Deck bleiben sollten, und nur mit der Hoffnung zu entschuldigen, die britischen Flugzeuge könnten uns Passagiere dann nicht entdecken. Die Briten beobachteten alle unsere Schiffsbewegungen und patrouillierten auf der See und in der Luft. So fügten wir uns dem Befehl und ließen uns bei Tageslicht nicht blicken. Wir kamen nur heraus, sobald die Sonne unter ging, um frische Luft zu schnappen. Es gab genügend Wasser für uns alle an Bord, und eine begrenzte Menge Zwieback, Obst und Dosenfisch sollte uns die fünf Tage auf See am Leben erhalten.

Wer kann sich vorstellen, dass ich im März 1947 bei dieser abenteuerlichen Reise zwei Menschen treffen würde, die später meine engsten und über alles geschätzten Freunde wurden? Auf dieser schicksalsschweren Fahrt von Frankreich nach „Erez Israel" lernte ich Sami Hirsch und Sally Kolton kennen. Eines Abends kam eine Frau zu mir und fragte, „Sprechen Sie Deutsch?" Später erfuhr ich, dass es Sally Reich Kolton war. Sobald die Sonne untergegangen war, drängte ich mich normalerweise zusammen mit den anderen 600 Passagieren nacheinander an Deck, und wir versuchten irgendwie, unsere Beine auszustrecken. Wir erzählten uns Geschichten und waren froh, frische Luft zu atmen und uns aufrecht bewegen zu können, anstatt den ganzen Tag wie gefällte Bäume zu liegen. Da die meisten Passagiere aus Osteuropa stammten und nur Jiddisch sprachen, hatte Sally wohl gehört, dass ich Deutsch sprach. Soweit ich weiß, war ich einer der wenigen deutschen Juden an Bord. Ich erwiderte die Frage, die ich für aufdringlich hielt, knapp mit einer Gegenfrage: „Was geht es Sie an, welche Sprache ich spreche?" Später erinnerte mich Sally an diesen Zwischenfall, und wir mussten alle herzlich lachen. Wir setzten dennoch unser Gespräch während des Abendbummels auf dem Schiff fort, und dabei kamen unsere familiären Verbindungen zum Vorschein.

Mein Großvater Louis Reich war der ältere Bruder von Sallys Vater. Das bedeutete, dass Sally und meine Mutter Cousinen ersten Grades waren und Sally und ich Cousins zweiten Grades. Aber während unserer Jugendjahre hatten wir uns nie getroffen. Das war wieder einmal ein Beweis für unsere mangelhaften Familienbeziehungen. Als ich Sally fragte, weshalb sie an diesem Abend auf dem Schiff zu mir kam, „ob es war, weil ich deutsch sprach", bestätigte sie das und fügte hinzu, da sei etwas an mir gewesen, das sie an ihre Familie erinnerte.

Nachdem Sally ihre akademischen Studien in Breslau beendet hatte, heiratete sie einen Rechtsanwalt. Nach dem Beginn der Nazipogrome wurde sie in Theresienstadt eingesperrt und ihr Mann wurde in ein anderes Konzentrationslager eingeliefert, wo er starb. Sally erzählte mir später, in Theresienstadt habe sie ein sehr großmütiger, nachdenklicher und liebenswürdiger polnischer Jude gerettet, Felleg Kolton. Sie heirateten später. Felleg war auch auf dem Schiff, und bald wusste er, dass ich ohne Geld und Beziehungen und völlig allein war. Ganz spontan bot er mir etwas Geld für einen guten Start an. Ich war von dieser Geste tief berührt: Niemand hatte mir in diesen acht Jahren in China irgendetwas geschenkt, und hier war ein Mann, den ich gerade kennengelernt hatte und der mir Hilfe anbot. Ich lehnte sein Angebot dankbar ab, denn es wurde mir klar, dass er wahrscheinlich fast genau so viel Bedarf hatte wie ich. Sowohl er als auch Sally waren mir eine große Hilfe, als wir nach Zypern kamen. Felleg arbeitete später in Israel schrecklich hart als Ladearbeiter, er belud und entlud Schiffe und verrichtete andere manuelle Arbeit. Sally, Felleg und meine Frau Gisela wurden enge Freunde während unserer gemeinsamen Zeit in Israel. Als er im Jahre 1997 starb und Sally 1998, war das ein schmerzlicher Verlust.

Während eines Schiffsbummels traf ich auch einen jungen und stattlichen 20 jährigen Mann namens Sami Hirsch. Wir erkannten uns sofort wieder, weil wir vor vielen Jahren zusammen in die jüdische Schule in Breslau gegangen waren! Er gehörte zur Betar-Organisation, wie die meisten Leute auf unserem Boot. Ich habe bereits erwähnt, dass ich mich zwar mit Herz und Seele zur Lechi/Stern Gruppe hingezogen fühlte, aber weil ich es für zweckmäßiger hielt, war ich jetzt auf einem von Betar betriebenen Schiff. Sami war ein ansehnlicher Kerl, ruhig und ein wenig schüchtern gegenüber Frauen. Als wir aber nach Zypern kamen, wurde er von vielen gutaussehenden Frauen geradezu verfolgt, wenn ich bei uns Partys gab. Eine besonders beharrliche junge Frau warf ein Auge auf ihn und ließ nicht locker. Es war Rivka, die ein Jahr älter als Sami war. Ihre Zielstrebigkeit hatte Erfolg, denn später heirateten sie. Sami arbeitete später als Regierungsangestellter in Israel und blieb der Ezel Gruppe verbunden. Er wurde sehr religiös, ein orthodoxer Jude mit einem lang wallenden Bart. Als sein Arzt bei ihm eine Tuberkulose entdeckte, riet er ihm, Israel zu verlassen. Sami litt in späteren Jahren schrecklich an dieser Tuberkulose, die er sich wahrscheinlich in den Lagern zugezogen hatte. Mit Hilfe einer kleinen Rente verbrachte er seine letzten Jahre erst in Österreich und wurde dann später zur Tuberkulose-Behandlung nach Vaduz in die Schweiz geschickt.

Aber ich bin meiner Zeit etwas voraus. Unsere Reise in das Land „wo Milch und Honig fließen", endete im März 1947 abrupt nach einer Woche und kurz bevor wir die Küste und den Hafen Haifas erreichen sollten. Wir waren ein Haufen hungriger, durstiger und schmutziger Auswanderer, eine Art Pöbel, der nichts hatte außer Meerwasser, um sich zu waschen. Mit ausgetrockneter und schuppiger Haut von der tagelangen heißen Mittelmeer-Tour. Wir ernährten uns mit Sardinen und lebten wie Sardinen, mit 600 zusammengepferchten Menschen in Quartieren, die insgesamt nur für 18 eingerichtet waren. Die Lebensumstände waren primitiv, wir hatten nur zwei getrennte Herren- und Damentoiletten, und die waren natürlich ständig besetzt. Außer mir trugen alle lange warme Hosen oder lange Röcke, schwere Pullover und Filzhüte, also die normale Kleidung für Leute, die aus der Winter- und Frühlingszeit in Europa kamen. Ich war der einzige mit Shorts, einem Tropenhut und einer ärztlich verordneten Sonnenbrille. Denn ich kam gut vorbereitet aus dem heißen und feuchten China. Meine Sonnenbrille, die ich in China mit dem bei den Amerikanern verdienten Geld gekauft hatte, erregte immer wieder eine besondere Aufmerksamkeit, denn in jenen Tagen hatten nur sehr wenige Leute jemals eine Sonnenbrille gesehen, die nach Rezept angefertigt war.

Wir erwarteten die feindlichen Schiffe, und sie kamen: zwei britische Zerstörer näherten sich unserem Boot und forderten uns mit dem Lautsprecher auf: „Folgen Sie uns!" Wir waren nicht überrascht, denn unsere amerikanische Schiffsführung hatte Erfahrungen mit dem Transport von Juden übers Mittelmeer nach Palästina. Sie sagten, die Briten würden uns nach Zypern „eskortieren", die „Ben Hecht" werde beschlagnahmt . Nach ein paar Tagen in Zypern würden die amerikanischen Seeleute freigelassen, wir aber würden für eine unbegrenzte Zeit festgehalten werden. Alles, was sie erzählten, erwies sich als wahr, aber die Schiffe eskortierten uns erst nach Haifa. Dort machten wir es den Briten nicht leicht, als sie versuchten, uns von unserem Schiff auf ihre Zerstörer zu bekommen. Wir entwickelten nämlich eine Strategie des Widerstands. Zuerst bewarfen wir sie mit allen unseren restlichen Sardinendosen und dann mit allem, was nicht am Deck befestigt war. Dann entschieden wir, dass jeder von uns das Schiff nur verlassen sollte, wenn sie uns holten und von der Ben Hecht wegtrugen. Vier Briten waren für jeden von uns nötig, aber am Ende erreichten sie natürlich ihr Ziel – wir hatten das Schiff verlassen und wurden auf die britischen Zerstörer verfrachtet, um nach Zypern gebracht zu werden.

Diese Fahrt zu den Zerstörern war die Hölle auf Erden. Wir waren eine heulende, traurige, verzweifelte Gruppe Juden, die nur kurz die Erde ihres verheißenen Landes, Erez Israel, mit ihren Füßen berührten und dann wieder die Gangways der britischen Zerstörer hinaufgestoßen wurden. Jeder schrie, kreischte, heulte und streckte die Fäuste in die Luft. Frauen wurden ohnmächtig. Es war ein Chaos, aber uns war schmerzhaft bewusst, dass die Briten zur Zeit die Macht hatten und wir nur im Rahmen unserer persönlichen Möglichkeiten Widerstand leisten konnten. Wir gelobten, dass sich eines Tages die Situation umkehren würde. Als wir dann auf den Zerstörern waren, nahm keiner von uns die verlockenden Lebensmittel an, die die Briten uns anboten: Kisten mit frischen Orangen, frische Sandwichs und Tee. So hungrig wir auch waren, niemand berührte sie. Es war eine nutzlose, aber symbolische Geste von uns. Die Fahrt nach Zypern dauerte nur vier Stunden. Aber es waren die schmerzlichsten und traurigsten vier Stunden meines Lebens. Auf Zypern war ich dann der einzige Jude aus China. Alle anderen „chinesischen" Juden hatten in Schanghai auf die Erlaubnis zur Reise nach Palästina ins Mandatsgebiet gewartet, oder sie emigrierten später nach Australien oder in die Vereinigten Staaten. Und natürlich reiste niemand aus China nach Deutschland. Auf Zypern schwoll schließlich die Zahl der Internierten auf über 50.000 an.

Unsere paar Habseligkeiten waren von der „Ben Hecht" geholt worden und auf einen großen Haufen auf das Deck des Zerstörers geworfen worden. Ich hatte nur einen Koffer wie die meisten, andere sogar nur ein Bündel. Dieses Durcheinander unseres ärmlichen Besitzes wurde vom Schiff geholt, von den Briten durchsucht und dann wieder zu einem neuen großen Stapel angehäuft. Es wurde uns überlassen,unser Eigentum zusammenzusuchen, was zu einem allgemeinen Durcheinander führte. Wir hatten alle Angst, unseren letzten Besitz zu verlieren. Auf einem anderen Schiff kam meine künftige Frau Gisela aus Rumänien nach Zypern und brachte ein Akkordeon mit, in dem sie ein „Vermögen" von 500 Dollar versteckt hatte. Aber als sie ihr britisches Schiff verließ, war das Akkordeon verschwunden und damit ihre Ersparnisse. Ich war besser dran, denn ich hatte gar kein Geld, das ich verlieren konnte.

Im Internierungslager auf Zypern

Das Leben auf Zypern damals kann man nur mit einem Wort beschreiben: es war einmalig. Nichts davor und nichts danach glich diesem Jahr, das ich dort verbrachte. Die Insel war im Sommer ofenheiß, im Winter fegten Wind und Regen darüber. Es gab nur wenige Bäume und viele unfruchtbare Hügel. Die Engländer hatten verschiedene Lager eingerichtet und sie mit erhöhten hölzernen Brücken verbunden, die Besuche von einem Lager zum anderen erleichtern sollten. Die Internierten wohnten in Zelten oder hausten zumeist in Wellblech-Hütten. Die waren im Sommer sehr heiß und im Winter sehr kalt, wenn Regenschauer wie Sperrfeuer auf die Metalldächer prasselten. Es war oft so laut, dass wir nachts nicht schlafen konnten und tagsüber nicht die Stimmen der anderen verstehen konnten.

Als ich nach Zypern kam, hatten die Briten den Juden alle allgemeinen Verwaltungsaufgaben und die Organisation des Alltagslebens einschließlich der Müllabfuhr übertragen. Auch die Zuweisung zu Arbeitsmannschaften, die Essenverteilung und vor allem die wichtige Entscheidung wurde uns überlassen, wer Vorrang haben sollte, wenn Internierte die Insel verlassen durften. Man kann die Briten kritisieren, aber ich will die Wahrheit sagen: Ich würde lieber 10 Jahre in einem britischen Lager verbringen als ein Jahr in einem deutschen Lager. Die Engländer behandelten uns wie Menschen. Sie versorgten uns mit Essen und Unterkünften, und Juden aus aller Welt durften uns Spenden schicken. Sie förderten den Besuch Prominenter, wie zum Beispiel Golda Meir, und sie erlaubten Hilfsorganisationen aus vielen Teilen der Welt, medizinische Geräte und Hilfsmittel nach Zypern zu schicken, um unsere Leiden zu lindern. Das einzige, das uns die Briten verwehrten, war, die Insel nach eigenem Entschluss zu verlassen. Im Lager Nummer 66 hatte ich ein wirklich gutes Leben, obwohl ich eigentlich in der verzweifelten Situation war, auf einem Felsen mitten im Mittelmeer ausgesetzt zu sein.

Als ich mich als Jugendlicher in China behaupten musste, hatte ich gelernt, den Charakter eines Menschen einzuschätzen und Menschen aller Rassen und Herkunft zu achten. Deshalb war die Beziehung zu den Briten für mich überhaupt kein Problem. Meine praktischen Kenntnisse der englischen Sprache und der vertraute Umgang mit elektrischen Installationen und ihrer Reparatur, die ich mir in China angeeignet hatte, halfen mir sehr. Wegen dieser praktischen Geschicklichkeit und dem Selbstvertrauen, das ich gewonnen hatte, als ich die Arbeit der Chinesen in einer Textilfabrik anleitete und beaufsichtigte, fiel mir hier bald die bequeme Aufgabe der Fleischversorgung und -überwachung zu. Ich musste außerdem Arbeitsgruppen beim Sammeln von wertlosem Abfall und Müll überwachen. Glücklicherweise gab es manchmal Unterbrechungen dieser Arbeiten, wenn ich gerufen wurde, um als Englisch-Dolmetscher zwischen britischen Dienststellen und neu angekommenen Juden zu fungieren. Sie sprachen nur Jiddisch oder ihre Muttersprachen Rumänisch, Deutsch, Polnisch, Russisch und anderes. Ich durfte mich deshalb frei in allen Bereichen des Lagers bewegen. Es war nicht ungewöhnlich, dass britische Soldaten mich fragten: „Sir, können wir etwas für Sie tun?" Ich verfügte offensichtlich über genügend Fähigkeiten für ein stilvolles Überleben.

Alle Flüchtlinge auf Zypern wurden in Zelten mit vielen Betten oder in Wellblech-Hütten untergebracht. Alle gingen in die Gemeinschaftsduschen und Gemeinschaftstoiletten, aber mir gelang es, einen „privaten" Raum zu ergattern, der zwar klein, aber mein Reich war. Zu Anfang teilte ich den kleinen, mir zugewiesenen Wohnraum mit einem 27-Jährigen aus England. Er war ein Linker, was bedeutete, dass wir nicht einmal gleiche politische Sympathien hatten. Als Mensch, der nur auf sich selbst baut, machte ich ihm klar, dass ich den Wohnraum nicht mit ihm teilen wollte. Er verstand diese Botschaft schließlich und fand anderswo Unterkunft.

Ich gehörte keiner politischen Partei an, tarnte meine Verbindungen und Zugehörigkeiten und unterließ es, meine politische Meinung kund zu tun. Ich vertraute auf meine eigene Kraft und nicht auf irgendeine Gruppe. Ich glaubte, dass ich Leuten besser außerhalb jeglicher Organisationen helfen könne. Mein Herz gehörte zwar „Stern", aber ich verhielt mich zu allem um mich herum neutral.

Die tägliche Gleichförmigkeit beim Warten auf die Ausreise aus Zypern wurde manchmal durch Musicals, Opern, Paraden und Filme gemildert. Man rief pädagogische Programme ins Leben und gründete Schulen für Kinder sowie Büchereien. Ich brachte fast jeden Abend eine Gruppe von Leuten zu einer Art Party bei mir zusammen. Dafür beschaffte ich Essen, einschließlich meinem berühmten Gulasch und gegrillten Beefsteaks. Wir saßen zusammen, hörten BBC, machten Musik und redeten bis spät in die Nacht darüber, was wir tun würden, wenn wir nach Erez Israel kämen. Meine Wohnung war ein beliebtes Unterhaltungszentrum mit Gästen aus Prag, der Bukowina oder Czernowitz zum Beispiel. Das liegt heute in der Ukraine, gehörte aber bis zum Ende des Ersten Weltkriegs zum k. u. k. Österreich. Dort waren die Juden der deutschen Sprache treu geblieben wie auch die Juden aus der Tschechoslowakei. Da die meisten von uns miteinander deutsch sprachen, wurde meine Wohnung im Spaß „das deutsche Konsulat" genannt.

Häufig hörten wir in den Lagern verschiedenen „Abgesandten" aus „Erez Israel" zu, die auf Hebräisch „Schlichim" heißen. Sie versuchten Mitglieder für ihre Parteien und für ihre Kibbuzim zu rekrutieren. Vertreter paramilitärischer Organisationen wie „Ezel" oder „Haganah" verdeckten ihre illegale Arbeit, indem sie sich als Sozialarbeiter der „Sochnut" ausgaben, der jüdischen Selbstverwaltung im Mandatsgebiet. Ich wurde ebenfalls von etlichen Organisationen angeworben. Schlomo Erel war der Bruder meiner Tante, er hatte „Negus" nach Zypern gesandt, einen Vertreter des Kibbuz Galeth. In diesem Kibbuz lebten vor allem „Jeckes". Das war ein Spitzname für die Deutschen, und stand für jemanden mit großer Naivität, Ehrlichkeit und jemanden, der leicht zu betrügen ist. Aber ich war nicht der richtige Mann für diesen Kibbuz und auch nicht der richtige für Kibbuzim.

Schlomo war ein weiteres Beispiel dafür, wie sich meine Verwandtschaft auseinander gelebt hatte. Er war vor dem Zweiten Weltkrieg zusammen mit seinem Bruder, der Lehrer und Mitglied eines sozialistischen Kibbuz wurde, nach Palästina gekommen. Schlomo stieg zum Regierungsbeamten auf, reiste ständig außerhalb Israels umher und beschloss seine berufliche Karriere als Sekretär von David Ben-Gurion. Er war nicht religiös, gab sich unnahbar und neigte dazu, ein bisschen snobistisch zu sein. Nur wenige Jahre später bekam ich Einladungen zu den gleichen Versammlungen wie er und bewegte mich in den gleichen gesellschaftlichen Kreisen, in die er mich einführte.

Gisela, ein Geschenk fürs Leben

Nun möchte ich eine sehr wichtige Geschichte von der Internierung in Zypern erzählen: ich fand dort meine Frau. Man kann sagen, dass ich ein lebenslanges Geschenk von den Briten erhielt.

Ich sah Gisela Imberg zum ersten Mal bei einer Parade, die vom Betar veranstaltet wurde. Es war einer dieser hellen und sonnigen, zypriotischen Tage, und eine große Menschenmenge versammelte sich entlang der staubigen Straße. Wir hörten laute Marschmusik, die sicher eine gesunde Lautstärke überschritt. Da sah ich zum ersten Mal die zierliche Figur von Gisela mit ihren lachenden blauen Augen,fliegenden Pferdeschwänzchen und einem ausgeliehenen Akkordeon, wie ich später erfuhr. Sie marschierte in der ersten Reihe, auf beiden Seiten von zwei sehr großen Musikern flankiert. Dieses hübsche junge Mädchen beeindruckte mich sofort stark, sie nahm mich jedoch nicht wahr, weil sie völlig mit ihrer Musik beschäftigt war. Kein Zweifel, sie hatte mich sofort in ihren Bann gezogen, und ich sagte mir, dass ich sie unbedingt wiedersehen müsse. Ich war 21 und Gisela war gerade 15 Jahre alt, wie ich bald erfuhr.

Am nächsten Tag ging ich zu ihrem Lager hinüber. Ich kannte die Nummer des Lagers, es war 64, aber ich kannte ihren Namen nicht. Deshalb fragte ich herum: „Kennen Sie das Mädchen, das gestern in der Parade das Akkordeon gespielt hat?" Ein Typ zeigte mir ihr Zelt, und als ich um die Ecke kam, sah ich sie vor dem Zelt stehen. Ich grüßte sie auf Jiddisch. Das konnte sie verstehen, weil sie es als Kind in Rumänien gehört hatte, aber nicht sprechen. Am Anfang hatte Gisela keine Ahnung, was ich wollte und war mir gegenüber mehr als skeptisch. Gisela war ohne ihre Eltern in Zypern. Sie und ihre ältere Schwester Sonia waren allein dort und hofften, eines nicht so fernen Tages wieder mit ihren Eltern und ihrer anderen Schwester Jenny vereinigt zu werden.

Wir hatten zweifellos Verständigungsprobleme, deshalb zog Gisela ihre Freundin Chawa hinzu, eine Freundin aus der Bukowina, die Deutsch sprach. Aber ich hatte mich in diese kleine rumänische Schönheit verliebt und wollte ihr das unter vier Augen sagen und nicht in Anwesenheit einer Anstandsdame. Aber Chawa war auf allen unseren Wegen mit dabei, sie übersetzte und mischte sich in unsere liebevollen Gespräche ein - das machte mich ganz verrückt. Ich wollte Gisela endlich sagen, dass ich mich in sie verliebt hatte, auf Jiddisch, und nach mehreren Monaten sagte ich ihr, dass ich sie heiraten wolle. Sie glaubte, ich sei verrückt, sie hatte sogar richtig Angst: „Ich heirate niemanden, bevor meine Eltern hierher kommen", sagte sie, „ich bin auf jeden Fall zu jung!" Es gab eine Menge Hochzeiten auf Zypern in diesen Tagen des eingeschränkten Lebens, die Leute hatten sonst nichts zu tun. In nur einer Nacht wurden dort einmal 80 Hochzeitszeremonien abgehalten. Aber unsere Hochzeit musste warten.

Wir waren nur sechs Monate zusammen auf Zypern, als Gisela und ihre Schwester die Erlaubnis bekamen, nach Palästina auszureisen. Die Organisation, wie und wann wir die Insel verlassen durften, lag in den Händen der jüdischen

Führer. Kinder, schwangere Frauen, Schiffsführer und Schiffsbesatzungen, die Flüchtlinge transportierten, hatten Vorrang. Gisela wurde mit ihren 15 Jahren noch als Kind eingestuft, sie hätte noch vor ihrer Schwester abreisen können. Aber sie beschloss, auf Sonia zu warten, und sechs Monate nachdem wir uns kennen gelernt hatten, verließen sie gemeinsam Zypern und reisten im September 1947 nach Palästina. Als Giselas Eltern in Zypern ankamen, ging ich sofort zu ihnen, denn ich wusste, sie würden gern Näheres von ihren Töchtern hören. Natürlich wollte ich auch in Verbindung mit Gisela bleiben, denn ihren Aufenthaltsort in Erez Israel kannte ich nicht. Herr Imberg und ich konnten miteinander Deutsch sprechen, denn er war rumänischer Soldat im Ersten Weltkrieg und kam danach in deutsche Kriegsgefangenschaft. Er hatte sogar als Dolmetscher zwischen den Deutschen und den Rumänen gewirkt. Ich hatte Gisela früher immer gesagt, aufgrund ihres Familiennamens könne man denken, sie sei Deutsche. Der Name ihres Vaters war nämlich Adolf, ihre Mutter hieß Lisa Imberg. Und ich als Deutscher habe den polnischen Namen Witkowski.

Ohne Gisela wäre vieles anders gelaufen in meinem Leben, deshalb gehört ihre Geschichte untrennbar zu meiner Geschichte. Ich habe Gisela gebeten, ihren Lebensweg selbst zu erzählen, bis wir unser Leben gemeinsam gehen.

4. Giselas Weg von Rumänien nach Erez Israel (1932–1947)

Meine Familie und meine Kindheit

Meine Geschichte beginnt in Rumänien. Dort wurde ich im Jahr 1932 in der Kleinstadt Barlad in Moldova geboren, nicht zu verwechseln mit dem russischen Moldavia. Mein Vater war Adolf Imberg, meine Mutter hieß Lisa Imberg, sie war eine geborene Aronovitch. Und wir waren drei Kinder, meine 8 Jahre ältere Schwester hieß Sonia, ich war die mittlere, und Jenny war die jüngste. Wir waren eine glückliche Familie und ich habe eine sehr schöne Kindheit gehabt. Mit lieben Eltern, aber sie haben uns nicht verwöhnt, sondern uns auch erzogen. Mein Vater legte zum Beispiel sehr viel Wert auf Pünktlichkeit. Unser Haus lag in der Stadt, unsere beiden Nachbarn waren rumänische Armee-Offiziere und hatten Kinder im gleichen Alter wie meine Schwestern und ich. Wir spielten jeden Tag mit ihnen und wurden sehr gute Freunde. Nach dem Tod meines Großvaters David zog meine Großmutter Sara mit in unser Haus. In den folgenden Jahren war meine Großmutter eine enorme Hilfe für meine Mutter, die ja auch berufstätig war. Sie führte liebevoll das Haus mit gutem Gespür für das Notwendige und betreute uns drei wachsenden Kinder mit Liebe und Einfühlung. Ihre Hilfe wurde besonders geschätzt, weil meine beiden Eltern berufstätig waren. Ich liebte meine Großmutter sehr und denke sogar heute noch oft zärtlich an die Zeit unseres Zusammenlebens zurück.

Auf einer Seite unseres Hauses befand sich ein großes Atelier, das in zwei Bereiche eingeteilt wurde. Eine Seite war bestimmt für die Arbeit meiner Mutter, sie war eine gut ausgebildete und ausgezeichnete Schneidermeisterin für anspruchsvolle Damenmode. Die andere Seite war die Domäne meines Vaters, die Herrenabteilung. Dort wurden nur maßgeschneiderte Herrenoberhemden und Unterwäsche, alles mit Monogrammen, sowie Herrenhausmäntel vom Feinsten hergestellt.

Ohne Übertreibung kann ich sagen, dass meine Kindheit bis zum Ausbruch des Zweiten Weltkriegs glücklich war. Moldova war der Brotkorb Rumäniens. Auf dem Markt unserer Stadt konnte man Früchte, Gemüse, viele Arten frischen Fisch, Fleisch, lebendige Hühner und lebende Lämmer kaufen. Ich begleitete meinen Vater eifrig auf diesen Einkaufsausflügen. Dabei trug ich einen kleinen Weidenkorb, in den ich die Einkäufe für meine Puppen hineinlegte. Mein Vater wurde begleitet von unserem Hausmädchen, sie trugen zwei Körbe mit den Einkäufen für die ganze Familie.

Die Sonntage waren besondere Tage, weil dann ein großer offener Bauernwagen in unsere Straße kam, der von zwei Pferden gezogen wurde. Die Ladefläche war gefüllt mit frischen Molkereiprodukten aller Art, mit den verschiedensten frischen Käsesorten, vollfetter Creme und frisch gelegten Eiern, Hühner- und auch Enteneiern. Im Rückblick sehe ich, in welch einer geistig anregenden und friedlichen Welt ich lebte. Solch eine Welt gibt es heute nicht mehr.

Meine Schulzeit und die Judenverfolgung

Nach dem Kindergarten ging ich zur staatlichen Volksschule „Maria Galca", gleich bei unserem Haus um die Ecke.

Unsere Lage veränderte sich dramatisch mit dem Ausbruch des Krieges im Jahre 1939, als Rumänien Partei für Deutschland ergriff. Die jüdischen Kinder mussten danach die staatlichen Schulen verlassen und in jüdische Schulen gehen. Zwei Jahre später wurde uns jüdischen Schülern sogar verboten, jüdische Schulen zu besuchen; diese wurden mit Gewalt geschlossen. Alle jüdischen Lehrer und alle Professoren wurden entlassen. Trotz der enormen Furcht vor Vergeltungsmaßnahmen der Behörden organisierten die Eltern, Lehrer und führenden Personen unserer Gemeinde daraufhin Privatunterricht in verschiedenen Privatwohnungen. Ich hatte das Glück, einen ausgezeichneten Lehrer zu bekommen und freute mich darauf, nach Bukarest zu reisen, um am Jahresschluss meine Prüfungen abzulegen. Aber dieser Traum wurde von einem anderen, neu erlassenen antijüdischen Gesetz zunichte gemacht, das Juden das Reisen in Zügen verbot. Tage, Wochen und Monate vergingen, weitere Beschränkungen wurden in Kraft gesetzt, unser Privatunterricht wurde immer riskanter und gefährlicher. Wir lebten immer in großer Angst, entdeckt zu werden. Jüdische Männer durften nicht mehr in ihren eigenen Wohnungen schlafen, sie wurden gezwungen, in einem bestimmten Stadtteil bei jüdischen Familien zu übernachten. Dort mussten sie manchmal auf dem Fußboden schlafen, oder irgendwo anders, wo sie Raum fanden. Manchmal brachten sie ihre eigenen Matratzen mit.

Diese Konzentrierung jüdischer Männer sollte eine spätere Deportierung in die Konzentrationslager erleichtern. Auch wir hatten für eine Zeit mehrere jüdische Männer in unserer Wohnung einquartiert, denn wir lebten ja in diesem Stadtteil. Daher konnte mein Vater auch zu Hause bleiben. Später wurde er zusammen mit einer großen Gruppe in ein Zwangsarbeitslager gebracht. Sowohl meine Mutter als auch meine ältere Schwester Sonia wurden gezwungen, jeden Tag das Haus zu verlassen, um in der Stadt als Zwangsarbeiter die schlimmste, schmutzigste und erniedrigendste Arbeit zu verrichten. Zusätzlich wurden sie eingesetzt, Uniformen für Soldaten der rumänischen Armee zusammenzunähen, denn man wusste ja, dass sie nähen konnten und dass wir Nähmaschinen in unserem Haus hatten. Wir mussten natürlich alle ab 1941 den gelben Davidstern über dem Herzen tragen, er sollte immer vollständig sichtbar sein. Wir litten unter dem Gespött und unter der Blamage, angespuckt zu werden, wenn wir durch die Straßen gingen und wir fühlten große Scham, diesen gelben Lappen zu tragen.

Ohne Vorwarnung für uns Kinder wurde dann eines Tages mitten in einer Nacht unsere Haustür aufgerissen von „Legionären". Sie waren in der Stadt in der sogenannten „Eisernen Wache" organisiert und sollten die Juden bewachen. Sie haben sie malträtiert und versucht, sie in Angst und Schrecken zu versetzen. In unserem Haus durchstöberten sie in dieser Nacht jeden Winkel und alle Ecken, die Schubladen wurden herausgezogen und auch der Kleiderschrank durchwühlt, vermutlich auf der Suche nach Waffen. Die Legionäre versetzten uns mit Absicht derart in Angst, dass wir glaubten, wir würden jeden Augenblick umgebracht. Ihr Auftreten führte für uns Kinder zu einem Abend des Schreckens.

Glücklicherweise hatte der Sohn unseres Nachbarn etwas vorgesorgt. Dieser junge Mann wuchs nebenan auf und hatte meinen Vater immer liebevoll "Onkel Adolf" genannt. Aber auch er war Legionär geworden und hatte den Befehl bekommen, den Angriff auf unseren Vater und unsere Wohnung anzuführen. Aber in der Nacht vor dem Überfall hatte er einen Pakt mit meinem Vater geschlossen. Mein Vater sollte so tun als würde er geschlagen, er sollte schreien und sollte laut um sein Leben flehen. Mein Vater spielte voll mit, schrie fürchterlich und der Nachbarjunge brüllte wild, schlug gegen die Wände und Tische. Sie schufen eine mörderische Szene. Es war eine tragische Komödie, die sich vor den verängstigten Kindern abgespielt hat. Dann zog unser Nachbarjunge mit seinen Kumpanen ab, die draußen gewartet hatten, und wir hörten, wie sie lachten und sangen.

Befreit durch die Rote Armee 1945

Die Deportationslisten waren schon vorbereitet, und wir warteten nervös darauf, abgeholt zu werden. Da kam eines Tages wie zufällig die Lösung durch Ileana. Sie war früher Lehrling und Angestellte bei uns. Während der vielen Jahre, die sie eng mit unserer ganzen Familie zusammenarbeitete, wurde Ileana ein Teil unserer Familie und eine treue Freundin. Ileana kam in unser Haus und machte den Vorschlag, wir sollten alle schnell in eine große Höhle umziehen, die ihr Vater unter ihrem Kuhstall gegraben hatte. Wir sollten bis zur Ankunft der Russen, die schon absehbar war, dort bleiben.

Unsere Stadt war voll von Deutschen und Ukrainern und wurde schließlich von der vorrückenden russischen Armee ganz eingeschlossen. Die Ukrainer waren stärker noch als die Deutschen für ihre extreme Grausamkeit gegenüber Juden bekannt. Sie verdienten ihren Ruf, echte Mörder zu sein. Jetzt aber saßen sie in der Falle und waren verzweifelt, weil sie sehr wohl wussten, sie würden umgebracht, wenn sie von den Russen gefangengenommen würden. Nach allen inzwischen vergangenen Jahren, zucke ich immer noch voller Zorn zusammen, wenn ich einen alten Ukrainer treffe und bin sehr misstrauisch, was er wohl während der Kriegsjahre getan hat. Beim ersten Erscheinen eines russischen Tanks verließen wir unser sicheres „Kuhstall-Loch" und kehrten zu unserem

Haus zurück. Nur zwei Tage später kam auch unser Vater nach Hause zurück und stand mit zwei anderen Männern vor dem Haus. Sie hatten aus dem Arbeitslager fliehen können, und eine lange Reise brachte sie nach Hause. Unsere Freude war grenzenlos, weil die Familie wieder zusammen war.

Langsam haben wir uns mit den Russen angefreundet und ich erlernte schnell ihre Sprache. Besonders ihre Musik hat mir sehr gut gefallen, und ich spielte alle ihre Lieder auf dem Akkordeon nach. Denn ich hatte mit 9 Jahren angefangen, Akkordeon zu lernen. Meine Schwester spielte es auch, und wir mussten beide, nachdem die Russen unsere Stadt besetzt hatten, in einem „Volksgarten" ein Konzert geben. Mein Vater wurde nämlich zur Kommandantur bestellt, und ihm wurde befohlen, seine Töchter im „Garten" auftreten zu lassen. Und wir haben dann beide zusammen gespielt. Wir hatten die Noten von österreichischen Lehar-Operetten, und es wurde ein gelungenes Potpourri. In der ganzen Stadt kündigten vorher Plakate an, die Imberg-Schwestern würden im Volksgarten spielen.

Unter der russischen Besatzung konnte ich mich zur Prüfung für das Lyzeum anmelden, bestand sie, und meine Eltern wählten die Mädchenschule „Jorgu-Radu" für mich aus. Wegen der guten Prüfungsergebnisse durfte ich nicht nur zwei Klassen überspringen und erhielt ein Stipendium vom Ministerium für Erziehung. Ich konnte auch meine "Mittlere Reife" ablegen, bevor ich nach Erez Israel auswanderte.

Illegal nach „Erez Israel" 1946

In den Sommerferien 1946 besuchte ich meine Großmutter, die jetzt bei ihrer anderen Tochter in Focsani wohnte. Eines Tages erschien ganz unerwartet mein Vater mit meiner Schwester Sonia im Haus meiner Tante und kündigte an, dass ich zusammen mit Sonia schon am nächsten Tag über Bukarest nach „Erez Israel" reisen sollte, wie wir immer sagten. Für meine Mutter, meine Schwester Jenny und für sich hatte mein Vater noch keine Schiffspassagen beschaffen können, sie wollten später folgen. Aber die Vorsehung intervenierte, und Jenny konnte auch schon abreisen, weil sie sich einer Gruppe von Kindern anschloss, die über Holland nach Palästina gelangen sollte. Mein Vater erklärte Sonia und mir, dass sich eine Gruppe Einwanderer in Bukarest sammelt, und dass wir uns dieser Gruppe anschließen sollten. Nur mit Rucksäcken auf unserem Rücken und begleitet von unserem Vater, fuhren Sonia und ich nach Bukarest. Ich war sehr traurig, dass ich mich von meiner Mutter nicht verabschieden konnte, denn ich wusste, dass ein Wiedersehen lange dauern könnte und weinte, als ich von meiner Oma Abschied nahm. Wir konnten uns nicht vorstellen, dass es für meine Eltern schließlich ein ganzes Jahr dauern würde, bis sie Rumänien verlassen durften.

Diese ganze Völkerwanderung von Juden, die vor allem aus Europa nach Erez Israel reisten, wurde "Alija Beth" genannt. Sie wurde mit dem Ziel organisiert, die illegale Einwanderung der jüdischen Überlebenden der Konzentrationslager zu erleichtern. Unser Vater blieb während der langen, mühsamen Reise von Bukarest durch Ungarn und Bulgarien bei meiner Schwester und mir. An jeder Station stießen mehr und mehr Flüchtlinge zu unserer Gruppe, bis wir zur jugoslawischen Grenzstadt Jimbolia kamen. Manchmal mussten wir vorher unterwegs zu Fuß durch mehrere Orte weiterwandern, weil es keine Transportmöglichkeiten gab. Mein Vater musste uns in Jimbolia verlassen. Dort ließ er uns in den Zug einsteigen, der uns nach irgendwohin bringen sollte, wir wussten nicht wohin. Er winkte uns ein „Auf Wiedersehen" zu und ihm wurde bewusst, dass er uns nun auf der weiteren Fahrt nicht mehr beschützen konnte. Er war ziemlich verzweifelt und Tränen liefen über sein Gesicht. Nun waren wir allein und mussten selbständig auf eigenen Füßen stehen. Meine Schwester war 22, und ich war nur 14 Jahre alt. Nach ein paar Stunden Zugfahrt erfuhren wir, dass wir in Zagreb waren, wo wir schließlich zwei Wochen blieben und in Baracken untergebracht wurden. Ständig schlossen sich uns andere Gruppen an. Es war September, es war regnerisch und schneite sogar ein wenig. Wir schliefen mit vielen anderen auf dem Fußboden. Zum Glück hatten wir in unserem Rucksack ein Kopfkissen und eine Decke. Zu den Mahlzeiten standen wir in langen Schlangen an, um unser Essen zu bekommen. Das war manchmal völlig neu für uns, wie etwa Erdnuss-Butter und Gelee. Der Boden war nass und schlammig vom Regen, unsere Füße klebten förmlich fest, und der Gang von den Baracken zur Latrine, die nur wenige Meter entfernt war, wuchs sich zu einem Ausflug von 15 Minuten oder mehr aus. Die Latrinen waren an jedem Ende offen, waren aus Blech und lagen innerhalb großer Erdvertiefungen nahe beieinander aufgereiht an der Wand. Wir saßen dort alle wie die Hühner auf der Stange.

Nach zwei Wochen wurden wir zu Lastwagen mit offenen Ladeflächen geführt und zur jugoslawischen Küste gefahren, wo ein Schiff auf uns wartete. Wir hatten keine Ahnung, wo wir waren, aber uns wurde befohlen, so schnell wie möglich auf das Schiff zu steigen. Meine Schwester und ich konnten sehen, dass es Probleme geben würde, denn viel mehr Menschen als es überhaupt fassen konnte, warteten darauf, auf das Schiff zu kommen. Es gab eine große Drängelei und Stoßerei und wir hatten Angst, wir könnten zurückbleiben, wenn wir uns nicht durchsetzten. Wunderbarerweise sprangen und stießen wir uns beide auf das Schiff, das sich bereits bedenklich füllte und wir folgten den anderen Glücklichen eine steile Leiter hinunter in den Laderaum. Unser Schiff, die „Knesseth-Israel", konnte 2.500 Menschen fassen, und wurde früher für den Kohlentransport eingesetzt. Das merkten wir später, als wir alle schmutzig und rußig schwarz von dem übriggebliebenen Kohlenstaub waren. Plötzlich und fast aus heiterem Himmel schob sich ein kleineres Schiff neben unseres und nahm die übriggebliebenen Leute auf. Es waren ungefähr 500, ihnen war es nicht gelungen, an Bord unseres Schiffes zu kommen; sie waren am Ufer geblieben.

Unsere Schlafunterkünfte bestanden aus hölzernen Bretterbetten, die 14 bis 15 Stockwerke hoch aufgestapelt waren und nur mit steilen hölzernen Leitern erreichbar waren. Wenn wir endlich in unseren Betten waren, mussten wir flach liegen bleiben, denn es gab nicht genügend Platz, uns umzudrehen und absolut keinen Raum, uns hinzusetzen. Wir durften nur nachts an Deck gehen, um etwas frische Luft zu schnappen. Unsere Unterkunft wurde noch viel stärker übervölkert, als nach einem Tag auf See das kleinere Schiff mit den restlichen Flüchtlingen auf ein Riff lief. Als Gefahr bestand, dass es sinken könnte, sahen wir die Leute von den Bordwänden springen. Alle Passagiere wurden auf unser Schiff gebracht. Unser Essen an Bord bestand aus süßen Kräckern, Sardinen aus Dosen und Brot, das manchmal schimmelig war. Einige kreative Leute schnitten das Brot scheibchenweise auseinander, schnitten die schimmeligen Teile aus und banden dann das Brot an eine Leine, um es zu trocknen. Sogar diese magere, schimmelige Nahrung wurde manchmal mitten in der Nacht von hungrigen Passagieren gestohlen. Unser Wasser war rationiert auf einen Liter pro Tag und Person.

Während einer schrecklichen Nacht erlebten wir solch einen furchtbaren Sturm, dass die meisten von uns glaubten, das Schiff könne ihn nicht überstehen. Aber wir überlebten auch das. Wir hatten die große Hoffnung, in zwei Wochen unsere neue Heimat zu erreichen, aber unser "Vergnügungsboot" brauchte vier Wochen. Während dieser Zeit wurde ich ernstlich krank, war unfähig zu essen, und meine Schwester befürchtete das Schlimmste. Aber ich wurde wieder gesund.

Während der ganzen Reise wurden wir um extreme Vorsicht gebeten, weil britische Militär-Patrouillenschiffe und Flugzeuge das Meer nach illegalen Schiffen durchsuchten, die nach Palästina unterwegs waren. Diese Furcht war der Grund für die Anweisung, nur nachts auf das Deck zu gehen. Die Einwanderungspolitik der Briten war extrem streng. Die britische Regierung hatte die offizielle Einwanderung von Juden in ihr damaliges Mandatsgebiet auf bis zu 1.500 Personen pro Monat beschränkt. Und bevor ein Einwanderer die Erlaubnis bekam, musste er garantieren, dass er ausreichend Geld besaß, um im Land leben zu können. Die Briten wurden schließlich dazu gezwungen, diese Regelung zu ändern, weil sich die Einwanderer immer stärker in Zypern stauten, während sie auf die Genehmigung warteten, nach Erez Israel einzureisen. Sie ersannen einen Plan, wodurch 750 beglaubigte Einwanderer zusammen mit 750 unbeglaubigten die Genehmigung bekamen, Zypern zu verlassen.

Auf See dauerte es nur wenige Tage, bevor wir von den Briten entdeckt wurden, und sie umzingelten uns plötzlich mit fünf Kriegsschiffen. Unser Schiff bekam den Befehl, nach Haifa zu fahren, und so legte unser Schiff mit diesem „freundlichen Geleit" im Hafen von Haifa an. Wir organisierten Widerstand, weil wir wussten, dass die Briten nicht die Absicht hatten, uns in Palästina zu lassen, sondern uns mit Gewalt nach Zypern bringen würden. Unsere einzige Munition waren übrig gebliebene Konservendosen, zumeist Sardinen, aber dieser ungleiche Kampf dauerte nur zwei Stunden, bis er zu Ende war. Ein dreizehn Jahre alter Junge wurde erschossen, und wir wurden mit Tränengas unterworfen. Das war das Ende unseres Widerstands. Wir bekamen den Befehl, uns auszuschiffen und unsere Habseligkeiten da zu lassen; sie sollten später zu uns gebracht werden. Ich versuchte, mein Akkordeon mitzunehmen, das mir mein Vater geschenkt hatte. In ihm hatten wir alle unsere Ersparnisse von 500 Dollar versteckt. Aber in der Kontrollstation riss es mir eine verantwortliche arabische Frau aus der Hand, und das war das letzte Mal, dass ich mein Akkordeon sah. Unser Widerstand beeindruckte die Briten gar nicht. Wir wurden sofort in zwei Gruppen eingeteilt und auf zwei britische Zerstörer gebracht, die Zypern ansteuerten. Dort gab es gab zwei Arten von Lagern. In Karaolos waren fünf „Sommerlager", sie lagen am Meer bei den Vororten der Hafenstadt Famagusta. Und Xylotymbow bestand aus sieben „Winterlagern" im weiten Bergland.

Im Internierungslager auf Zypern

Lastwagen standen am Pier, als wir ankamen. Wir wurden sofort aufgeladen und nach Famagusta zur offiziellen Registrierung gebracht. Unser festlicher Willkommensschmaus bestand aus einer Scheibe Weißbrot, einer Portion Margarine und einer Orange. Es schmeckte wunderbar, ich werde diese köstliche Erinnerung nie vergessen. Sie sprühten dann DDT auf unseren Körper, indem sie mit der Düse unter unseren Kleidungsstücken herumfuhren. Und sie durchsuchten uns gründlich. Wir wurden auf ein weites Feld gebracht, wo viele Zelte standen, jedes groß genug für acht Leute. Meine Schwester und ich wurden zusammen mit einer ungarischen Familie mit fünf Familienmitgliedern einquartiert. Weil sie gern das ganze Zelt für sich allein haben wollten, taten sie alles, um uns los zu werden. Ich ging fort zur Material-Ausgabestelle, um alles abzuholen, was an die Flüchtlinge verteilt wurde und was wir für unseren Aufenthalt brauchten, zum Beispiel Decken, tragbare Betten und Geschirr. Sonia blieb da, um sicherzustellen, dass wir unseren Platz im Zelt nicht verlieren. Schwer beladen versuchte ich, zu unserem Zelt zurückzukommen. Mich verwirrte jedoch, dass alle Zelte gleich aussahen, und es begann schon dunkel zu werden. Ich konnte unser Zelt einfach nicht finden. Verzweifelt und beladen wie ein Esel begann ich den Namen meiner Schwester zu rufen. Es dauerte eine Weile, aber sie hörte mich endlich und erlöste mich. Zurück im Zelt, stellten wir die Betten schnell auf und fielen in einen tiefen Schlaf.

Den folgenden Tag verbrachten wir damit, uns über die Lage aller Einrichtungen zu orientieren, die Waschbaracken, Gemeinschaftsküchen, Toiletten usw. Wir aßen in Gruppen von 50 Personen in der uns zugewiesenen Küche. Das Frühstück bestand aus einer Schüssel mit Porridge, das wurde mit einem großen

Platsch in unsere Schüsseln hineingeschöpft. Nicht lange nach unserer Ankunft sahen wir bei dieser „fröhlichen Breiverteilung" zwei Jungen, die wir aus unserer Heimatstadt kannten. Als sie hörten, dass wir mit unseren Zeltnachbarn nicht recht zufrieden waren, boten sie uns sofort an, in ihrem Zelt zu bleiben, wo auch noch andere junge Leute lebten. Wir sagten gern zu und waren besonders froh darüber, dass wir die unausstehliche Familie hinter uns lassen konnten. Das war wenige Wochen, bevor die Regenzeit begann. Der herunterprasselnde, unaufhörliche Regen setzte dann unser Zelt unter Wasser, unsere Klappbetten schwammen wie Gondeln um uns herum und wir kamen uns vor wie in Venedig, nur die Gondolieri und ihre Musik fehlten.

Unser Teil des Lagers hieß "Sommerlager"; es sollte als vorübergehende Unterkunft dienen. Nach einem Monat in unserem Sommerlager wurde uns die Chance eröffnet, entweder dort zu bleiben oder in das sogenannte "Winterlager" umzuziehen, wo die Unterkunft aus Wellblech-Hütten bestand. Sonia war der Meinung und überzeugte auch mich, wir sollten die Wintermonate besser in einem Konservendosenhaus als in einem durchlässigen Zelt verbringen. So wurden wir ins Camp 64 verlegt. Aber das Hauptproblem war, dass wir einfach nicht wussten, wie lange wir auf Zypern bleiben mussten. Das an einer Wellblech-Hütte waren die Maschinengewehrklänge des prasselnden Regens auf dem Blechdach. Aber Menschen stellen sich irgendwie auf alle Umstände ein. So ging es auch uns, wir gewöhnten uns nach und nach daran. Es regnete ja auch nicht die ganze Zeit, und wenn die Sonne richtig schien, erhitzte das heiße Blechdach auch das Innere der Baracken und dann fühlten wir uns wie in einer Sauna.

Nach drei Monaten traf uns schlagartig das Frühjahr, neues Leben „spross aus den Ruinen". Aus der Verzweiflung, dass sie nicht wussten, was sie mit ihrer Zeit anfangen sollten, beschlossen viele Leute, in den Lagern zu heiraten! Und plötzlich gab es einen großen Hochzeits-Boom. Ich kann mich erinnern, dass 80 Hochzeiten an einem einzigenTag gefeiert wurden. In Palästina wurden später viele dieser Verbindungen wieder gelöst, weil die Leute unter den einmaligen Umständen des Lagerlebens in Zypern nicht wirklich erfahren konnten, welchen Charakter oder welche Erziehung ihr neuer Partner mitbrachte. Aber das Phänomen der schnellen Eheschließungen auf Zypern war auch aus anderen Gründen völlig verständlich, denn die meisten Flüchtlinge hatten ihre ganze Familie verloren, viele waren alleinstehende Überlebende. Und wie zu erwarten wurden bald viele Babys geboren. Es waren zwischen 1946 und 1949 etwa 1.900 Babys.

Wir gehörten zu den 3000 Flüchtlingen, die von den britischen Zerstörern auf ein Mal aus Haifa nach Zypern gebracht worden waren, und zusammen wurde uns auch ein Lager, nämlich Nr. 64, zugewiesen. Andere Schiffsladungen, die nach uns in Zypern ankamen, wurden in viele verschiedene Lager aufgeteilt, zum Beispiel auf die Lager 66, 67, 68 usw. Viele Familien lebten völlig voneinander getrennt, denn alle Lager waren mit Stacheldraht abgegrenzt. Auch wenn die Lager in Zypern keine Todeslager waren wie in Europa, waren sie doch von deutschen Kriegsgefangenen in einer vergleichbaren Art konstruiert worde. Umgeben wurden sie von einem doppelten elektrischen Zaun mit Scheinwerfern, und alle 100 Meter stand ein Wachturm. Britische Soldaten hielten Wache mit Gewehren und dem Befehl, auf jeden zu schießen, der zu flüchten versuchte. Später konnten wir über Holzbrücken zusammenkommen, die zwischen den Lagern gebaut wurden.

Abgesandte zionistischer Gruppen unterstützten den Bau von Säuglings-Stationen, von Kliniken, aber auch Kultur- und Bildungsprogramme wurden eingerichtet. Jedes Lager übernahm seine alltägliche Verwaltung selbst, so auch wir in Nr.64. Das Phänomen der jüdischen Alija war einzigartig, und manchen mag es ungewöhnlich erscheinen, dass die Parteizugehörigkeit von Anfang an das Schicksal der Flüchtlinge bestimmte. Parteimitgliedern aus Rumänien zum Beispiel wurden je nach der Partei, zu der sie gehörten, Plätze auf den illegalen Einwanderungsschiffen zugewiesen. Sobald die Flüchtlinge nach Zypern kamen, orientierte sich jeder wieder fest an den gleichgesinnten Parteimitgliedern. Meine Schwester und ich gehörten zu Betar, und aus dieser Gruppe rekrutierten die Volksmiliz Irgun-Zwai-Leumi , abgekürzt Ezel, und Lechi (Stern) in Erez Israel ihre Mitglieder.

Die scheinbare Sinnlosigkeit unseres Lagerlebens motivierte dazu, etwas zu unternehmen. Verschiedene sportliche Aktivitäten wurden organisiert, Fußball, Boxen, Tisch-Tennis oder Volleyball zum Beispiel. In unserem Lager legten die Briten sogar ein richtiges Fußballfeld an, wo wir auch reguläre Wettkämpfe zwischen den anderen Lagern ausrichteten. Sogar britische Mannschaften konkurrierten mit uns. Da so wenige von uns Hebräisch sprechen konnten, wurden Kurse eingerichtet, damit sich alle für ihr neues Leben in Erez Israel vorbereiten konnten. Künstler freuten sich, als sie einen einmalig formbaren Stein in Zypern fanden, aus dem sie schöne Skulpturen meißelten. Ein beeindruckendes jiddisches Theater wurde gegründet und zeigte einem aufmerksamen Publikum professionelle Aufführungen. Einmal im Monat wurde eine Tanzveranstaltung organisiert, Menschen aus allen Lagern konnten dabei für eine kleine Eintrittsgebühr zusammenkommen. Das Orchester bestand aus fünf Leuten, ich gehörte dazu und begleitete die Sänger mit einem Akkordeon. Wir wurden vom Eintrittsgeld bezahlt, das brachte ein paar Münzen in meine Tasche!

Betar sandte mich schließlich in ein Nachbarlager, ich sollte Gymnastiktrainerin werden. Und nachdem ich die Ausbildung abgeschlossen hatte, sammelte ich jeden Tag eine Gruppe zu Freiübungen und Gymnastik um mich. Es wurde mir nie langweilig, und da ich noch so jung war, machte ich mir auch wenig Gedanken, was die Zukunft bringen würde.

Die Parade und der „Chinese"

Dann kam im Mai unser Erntedankfest Schawuot und wir trafen große Fest-vorbereitungen. Wir wollten auch eine Parade veranstalten, an der jede Partei teilnehmen sollte. Bald kam der große Tag. Begleitet von Sängerchören und Or-chestern marschierten wir auf das Fußballfeld, auf dem gefeiert wurde. Nicht viel größer als 1,50 Meter, marschierte ich ganz vorn zwischen zwei sehr großen jungen Männern, die mich auf jeder Seite hoch überragten; wir spielten alle drei Akkordeon. Das was ein Bild! Eine Menschenmenge hatte sich auf jeder Seite aufgereiht, als wir einmarschierten. Man begrüßte uns herzlich und brachte Hochrufe auf uns aus. Die Tag verrann und jeder hatte eine schöne Zeit, als meine Augen plötzlich auf einen Mann fielen, der sich von der Menge abhob. Er trug einen Tropenhut und eine modische Sonnenbrille - ein sehr ungewöhnlicher Anblick. „Wer ist dieser Mann", fragte ich einige Zuschauer? - "Oh, das ist der Chinese vom Lager Nr. 66." Ich erfuhr, dass er der einzige Jude auf Zypern war, der die Kriegsjahre in China verbracht hatte. Er war aus China geflohen und wie wir alle auf dem Weg nach Palästina. Ich konnte nicht ahnen, dass ich diesen Mann ein paar Jahre später dort heiraten würde.

Schon am nächsten Tag stand dieser „Chinese" dann zu meiner großen Über-raschung vor unserer Wellblech-Hütte und stellte sich mit dem Satz vor, er möchte mich kennenlernen. Aber da gab es ein Problem: Kommunikations-schwierigkeiten. Wir kamen aus zwei verschiedenen Welten. Er mit der Zwi-schenstation China aus Deutschland und ich aus Rumänien. Er sprach Deutsch, Englisch und Chinesisch. Und ich sprach Rumänisch, Französisch und Hebrä-isch. Wie ein Blitz aus heiterem Himmel hatte ich eine Idee. Ich rief sofort mei-ne gute Freundin Chawa herbei, denn sie stammte aus Czernowitz, sprach deutsch und lebte nur zwei Baracken weiter. Chawa wurde unsere ständige Übersetzerin und unsere ständige Begleiterin, sie wurde immer gerufen, wenn der „Chinese" kam. Vielleicht war es die Sprachbarriere, die mich extrem kri-tisch gegenüber diesem Mann machte, aber trotzdem spazierten wir drei jeden Abend durch Lager 64. Dann kam mein Besucher auf die Idee, ich solle ihm beim Hebräisch-Lernen helfen. Ich akzeptierte dieses Angebot, und wir ent-wickelten schließlich eine freundschaftliche Beziehung. Allerdings ging ich nicht auf seine Einladung ein, sein Lager zu besichtigen, wo er in verhältnismä-ßig großem Luxus wohnte, denn er hatte eine eigene Wellblechbaracke.

Da er einer der Wenigen in den Lagern war, die Englisch sprechen konnten, wurde er von den Briten als Übersetzer rekrutiert, was ihm ziemlich viele Privi-legien einbrachte. Zum Beispiel durfte er das Lager verlassen und sogar im Meer schwimmen, wenn er wollte. Eine seiner Aufgaben bestand darin, Arbeiter zu beaufsichtigen, die verschiedene Arbeitsaufträge bekamen. Sie sollten Le-bensmittel aus ihren Lagerräumen ins Camp bringen und bereit stellen, Müll wegschaffen und so weiter.

Später, als Lutz Witkowski und ich uns besser kannten, machten wir zwar weiter unsere übliche Tour durch das Lager, aber dann war es nicht mehr notwendig, Chawa mitzunehmen. Das machte Lutz sehr froh, endlich konnten wir allein zusammen sein. Eines Tages platzte es plötzlich spontan aus ihm heraus, ob ich ihn heiraten würde. Ich war sehr erstaunt, denn dieser Gedanke war mir nie in den Kopf gekommen. Ich antwortete, seine Frage sei ein guter Witz und ich hätte keine Ehepläne. Ich hatte mir ernsthaft vorgenommen, meine Ausbildung fortzuführen und mich auf einen Beruf vorzubereiten. Ein paar Tage später trafen wir uns, um auf Wiedersehen zu sagen und bekräftigten freundschaftlich die Hoffnung, uns in Erez Israel wieder zu sehen.

3.000 Menschen, „unsere Gruppe", kamen mit der „Knesseth-Israel" nach Zypern. Daher verbrachten wir alle eine gewisse gemeinsame Zeit auf der Insel und rutschten allmählich in der Prioritätenschlange derjenigen nach vorn, welche die Erlaubnis bekamen, ausreisen zu dürfen. Die Briten hatten ein Quotensystem ersonnen, nach dem jeden Monat nur 750 „illegale" Personen die Insel verlassen durften. Da unsere Gruppe so groß war, wurde nicht erlaubt, dass alle auf einmal abreisen. Deshalb wurde eine Lotterie mit den Nummern aller unserer Passagiere entwickelt. Jeder musste ein Los ziehen. Die Lotterie brachte meiner Schwester und mir drei Monate früher die Erlaubnis, nach Palästina aufzubrechen, als wir es erwartet hatten. Zwischen den Jahren 1946 – 1948 sind mit der Alija Beth etwa 60 Schiffe in Zypern gelandet. 1947 kamen 15.000 Emigranten aus Rumänien über Bulgarien, zum Beispiel mit der „Pan York" und der „Pan Crescent" nach Zypern.

Zypern war für mich eine wichtige Episode in meinem Leben und ich möchte diese Erfahrung nicht missen. Auf der anderen Seite erschien uns der Aufenthalt in Zypern als ein sehr langes Jahr, denn wir hatten die ganze Zeit nie die Gelegenheit, mit unseren Eltern zu korrespondieren und kannten ihr Schicksal nicht.

Endlich in „Erez Israel"

Von Freunden erfuhren wir bald nach unserer Ankunft in Haifa im September 1947, dass unsere Eltern nur drei Tage nach unserer Abfahrt in Zypern angekommen waren. Wir konnten es kaum glauben, dass wir sie nur um drei Tage verpasst hatten, aber wie es das Schicksal wollte, mussten unsere Eltern ein Jahr lang in Zypern bleiben. Das bedeutete, dass wir zwei Jahre von unseren Eltern getrennt waren. Als wir in Haifa waren, half uns die Sochnut, dass wir nach Kirjat-Schmuel kamen, wo wir von Vertretern unserer Parteien begrüßt wurden. Nach einem kurzen Gespräch sandten sie uns zu verschiedenen Orten. Meine Schwester und ihr Freund wurden mit einer Kontaktadresse nach Tel Aviv geschickt. Als sie mich fragten, welche Pläne ich hätte, sagte ich ihnen, dass ich beabsichtigte, meine Ausbildung weiter zu führen. So wurde ich nach Schuni gesandt, das in der Nähe von Binjamina liegt.

In der Landwirtschaftsschule Schuni

An der Bahnstation von Binjamina wurde ich vom Schuldirektor abgeholt und nach Schuni gebracht, einer verlassenen uralten Festung, die dem Baron von Rothschild gehörte. Die Festung erhob sich über einer Ebene und wurde von Feldern und Bäumen umgeben. Das sollte mein Zuhause für das nächste Jahr sein. Unsere Unterkünfte reichten gerade so aus, aber jeden Tag mussten wir zu dem Bach gehen, der die Straße unterquerte, um uns zu waschen und unsere Zähne zu putzen. Trotz unserer spartanischen Unterkunft fühlte ich mich dort wohl. Schuni hatte 80 Jugendliche im Alter von 16 bis 18 Jahren aufgenommen; die meisten von ihnen waren Waisen, die ihre Eltern in NS-Deutschland verloren hatten. Weil Schuni eine Landwirtschaftsschule war, besuchten wir morgens den Unterricht und arbeiteten nachmittags auf den Feldern. Ich schlief in einem Raum mit zwei anderen Mädchen: Schoshanna war in Marokko geboren und Lucy, die aus Czernowitz kam, sprach Rumänisch genau so gut wie Deutsch. Aber unter uns sprachen wir in der ganzen Gruppe Hebräisch.

Es gab mehr Jungen als Mädchen in Schuni. Jedes Mädchen bekam die Aufgabe zugewiesen, die Wäsche und das Bügeln der Kleidung für uns selbst und für fünf Jungen zu übernehmen. Wir stopften auch Socken! Es gab natürlich keine Waschmaschine, und so mussten wir in Teams von zwei Mädchen und einem Jungen mit Stapeln schmutziger Kleidungsstücke zum Bach laufen und sie mit Waschbrettern und Seife schrubben. Wenn ich heutzutage altmodische Waschbretter auf dem Flohmarkt sehe, denke ich an meineTage am Bach zurück. Die Jungen machten „Männerarbeit", schleppten das Holz und unterhielten das Feuer, das unter dem großen Wasserfass brannte. Außer den üblichen kleinen Bauernhoftieren hatten wir in Schuni eine Milchkuh, die regelmäßig gemolken werden musste. So erlernte ich eine weitere Fertigkeit - nämlich wie man eine Kuh melkt. Wir wurden ab und zu an den Wochenenden mit einer Reise nach Sichron-Jaakow belohnt, der nächst größeren Stadt. Dort machten wir lange Spaziergänge. Es war ein Vergnügen, das andere Lebenstempo in der Stadt zu erleben.

Gefahren und Sicherheit in Schuni

Es war 1947 und Palästina war noch unter britischer Mandatsverwaltung. In meiner allerersten Nacht in Schuni suchten die Briten scheinbar nach Waffen, weckten uns 4 Uhr morgens auf und untersuchten das Anwesen. Währenddessen warteten wir im Garten in unseren Pyjamas. Aber die Suche brachte nichts zu Tage.

Sicherheit wurde in Schuni groß geschrieben, und wenn jemand unser Gelände betrat, musste er ein Geheimwort kennen, das sich jeden Tag änderte. Auch schon zu dieser Zeit wollten uns Araber umbringen. Um unser Leben zu schützen, mussten wir jede Nacht unsere Patrouillie machen und mit Gewehren bewaffnet Ausschau halten. Ich lernte mit einer Pistole und einem Gewehr zu schießen. Die Geheimworte waren für unseren Schutz lebenswichtig. Auf der einen Seite des Eingangs von Schuni stand ein aus Holz gebauter Panzer. Er war zur Tarnung so geschickt angestrichen, dass er aus der Ferne wie ein richtiger Panzer aussah. So glaubten die Araber, es sei ein wirklicher Panzer und griffen uns nicht an. Wir hörten von einem schrecklichen Angriff. Araber hatten sich in der Nacht in die Kinderbaracke geschlichen, die Kinder erstochen und die Körper in Säcke gestopft. Als die Kinder am nächsten Morgen nicht zum Frühstück erschienen, erfuhren die Eltern die schreckliche Wahrheit.

Als im Jahr 1948 der Staat Israel proklamiert wurde, brach der erste Krieg mit den Arabern aus. Alle umgebenden arabischen Nationen verbanden sich im Kampf gegen Israel. Mit Beginn des Kriegs nahmen alle unsere 16-18jährigen jungen Männer aus Schuni am Kampf teil und wurden nach Lod und Ramle geschickt. Sehr wenige von ihnen kamen lebend zurück. Viele von ihnen wurden mit verstümmeltem Körpern in ihren Luftschutzgräben gefunden, wo sie sich verschanzt hatten und niedergemetzelt worden waren. Es war eine schreckliche Zeit. Diejenigen von uns, die in der Schule übrig blieben, zumeist Mädchen, waren völlig entmutigt, und wir suchten alle einen Ausweg. Wir versuchten Verwandte zu finden oder irgendeinen Ort, wohin wir davonlaufen konnten. Ich trampte mit meiner Freundin Dina, die bei ihrer Tante unterkommen wollte. Dann ging ich nach Tel Aviv zu meiner Schwester, die während meiner Zeit bei Schuni geheiratet hatte. Unsere Eltern waren immer noch in Zypern.

Arbeit zu finden war damals in Israel allgemein sehr schwierig. Wenn man auf Teilzeitbasis eine Arbeit auf dem Bau finden konnte, drei Tage die Woche, war man schon gut dran. Ich fand glücklicherweise eine Arbeit in der Telefonvermittlung im Betar-Hauptquartier in Tel Aviv, Mezudat-Zev, und war sehr zufrieden damit. Aber ich konnte dort nicht bleiben, weil es kein Geld gab, um meine Arbeit zu bezahlen. Ich wollte meiner Schwester nicht zur Last fallen und hielt weiter Ausschau nach einem Job. Schließlich kamen meine Eltern in Israel an und erhielten eine Unterkunft in Jaffa. Wie froh war ich, wieder bei ihnen zu sein.

Leben mit meiner Familie in Jaffa

Meine Eltern führten in Jaffa ein offenes Haus. Alle Freunde und Bekannte aus unserer Heimatstadt in Rumänien, die von überall nach Tel Aviv kamen, haben sich die Zeit genommen, um die Familie Imberg zu besuchen und auch manchmal dort zu übernachten. Nicht dass wir eine große Wohnung hatten, aber weil die Rumänen so gastfreundlich sind, war das selbstverständlich. Diese Wohnung war früher ein arabisches Haus. Sie bestand aus zwei Zimmern, einem großen Hof, wo wir eine kleine Küche gebaut haben und wo außerdem ein Plumpsklo war, wie sie heute noch in Frankreich an manchen Orten zu finden sind. In einem Zimmer wohnten meine Eltern und ich, im zweiten Zimmer wohnten meine Schwester Sonia mit ihrem Mann und David, ihrem Baby. Nach einem halben Jahr kam auch meine jüngere Schwester Jenny aus Holland, und damit war die Familie komplett. Die Besucher haben im Sommer auf Klappbetten im Hof geschlafen, der halb überdacht war - im Winter war das natürlich nicht möglich.Trotz der Enge waren wir zufrieden, dass unsere Familie zusammen war und wir ein Dach über dem Kopf hatten.

Es hat sich dann eine Gruppe von jungen Leuten gebildet, die wir in Zypern kennengelernt haben. Sie kamen oft zu Besuch, und wir gingen mit ihnen zum Tanzen nach Tel Aviv. Einer von ihnen hatte ernste Absichten mit mir. Er war in der Armee, aber jedes Wochenende, wenn er frei hatte, war er bei uns. Eines Tages sagte er mir, dass er den „Chinesen" aus Zypern in Jaffa auf der Straße getroffen und ihm erzählt habe, dass er mich jetzt öfter besuche. Der „Chinese", der sich in Israel inzwischen „Arie" nannte, fragte ihn, ob er ihm meine Adresse geben könne. Das war eine schicksalhafte Angelegenheit! Denn bald besuchte mich Arie, aber er wollte nicht mit der ganzen Gruppe zusammen ausgehen, sondern nur mit mir allein. Arie war bei der Luftwaffe als Flugzeug-Elektriker und in Tel Nof stationiert. Der andere Freund war im Negev, in der Wüste, und so konnten sie nicht bei mir zusammenstoßen. Arie besuchte mich fast jeden Abend, und so wurde aus Freundschaft Liebe.

Eines Tages habe ich den Einberufungsbrief von der Armee erhalten wie jedes Mädchen in Israel mit 18 Jahren. Mit Begeisterung bin ich zur Musterung gegangen und hatte dann einen Monat Zeit bis zu meiner Einberufung. Als Arie das hörte, sagte er, das komme nicht in Frage, denn er sollte in zwei Monaten selbst aus der Armee entlassen werden. Wenn ich jetzt zur Armee gehe, würden wir wieder auseinandergerissen wie damals in Zypern. Wir beschlossen zu heiraten, denn verheiratete Frauen wurden nicht in die Armee eingezogen. Wir mussten „Ruckzuck" heiraten. Arie sagt mir ab und zu heute noch, ich hätte in der Armee Karriere machen können und wäre ein guter General geworden, weil ich so gut kommandieren kann.

Nach meiner Heirat habe ich mich gleich nach einem Beruf umgesehen und wurde Musiklehrerin für Rhythmik und Tanz, speziell in Kindergärten. Um diesen Beruf zu erlernen, musste man ein Instrument spielen, entweder Klavier oder Akkordeon. Ich habe später in zehn Kindergärten unterrichtet. Für mich war das ein Traumberuf, denn es gibt nichts Schöneres, als mit kleinen Kindern zu arbeiten und ihre Talente zu entdecken. In Israel hat jeder Kindergarten eine Musiklehrerin, die privat von den Eltern bezahlt wird. Jeder weiß, wie wichtig die Musik für die Entwicklung der Kinder ist. Jetzt bin ich 55 Jahre mit Arie verheiratet und fühle mich selbst als Heldin, im Gegensatz zu meinem Mann, der nie ein Held sein wollte.

5. Neun Jahre in Israel (1948–1957)

Nach Israel, weitererzählt von Lutz Arie

Wie schon berichtet wurde, hatten die Briten entschieden, dass pro Monat nur 750 Menschen Zypern verlassen durften, aber der Jüdische Rat legte fest, wer diese 750 sein würden. Zu Beginn des Jahres 1948, als Zyperns jüdische Bevölkerung sich um ungefähr 60.000 bewegte und Palästina noch unter britischer Besatzung war, kam mein Name schließlich an die Spitze der Genehmigungsliste für die Abreise.

Vorbereitung auf den Freiheitskampf

Meine Pläne unterschieden sich jedoch von den Zukunftsplänen der meisten anderen, die Zypern verließen. Als ich in Haifa ankam, meldete ich mich deshalb nicht bei der Jewish Agency, wie es vorgeschrieben war. Stattdessen machte ich mich direkt zu einer Adresse in der King-George-Straße auf, ein kleines Textilgeschäft. Mit meiner geheimen Parole, die ich in Paris von der Stern-Gruppe bekommen hatte, wurde ich dort herzlich begrüßt. Einige der nächsten Stunden und Tage waren geheimnisvoll und beeindruckend, es war die glücklichste Zeit meines Lebens: Nachdem man mich weggeschickt hatte, etwas zu Essen zu holen, kamen zwei Männer mit einem Auto und fuhren mich zu einer Wohnung. Sie gehörte zwei Brüdern, an deren Namen ich mich nicht erinnere. Später hörte ich, dass einer der Brüder während des Unabhängigkeitskrieges nahe am Busbahnhof von einer Bombe getötet wurde. Ich schlief über Nacht in dieser Wohnung, und am nächsten Tag gab mir einer der Männer einen neuen Decknamen, den ich benutzen sollte. Die Stern-Organisation war eine treue Gruppe von Freiheitskämpfern mit einem großen Gefühl der Zusammengehörigkeit, aber man wusste sehr wenig darüber, was jede kleine Einheit tat und wer zu diesen Einheiten gehörte. Und natürlich trug jeder in der Stern-Gruppe einen falschen Namen.

Meine Augen wurden verbunden, und ich wurde an einen geheimen Ort gebracht. Nachdem meine Augenbinde entfernt war, sah ich nur einen dunklen Raum, spärlich beleuchtet mit Kerzen. Ich konnte dort auch mit großer Anstrengung nicht die Gesichter der Leute erkennen, die mir viele Fragen nach meinem politischen und familiären Hintergrund stellten; wie ich nach Israel gekommen sei, zu wem ich Kontakt hatte zum Beispiel. Schließlich wurde ich gebeten, zu schwören und willigte freudig ein, mein Leben für Israel zu geben. Ich versprach, nie mein Volk zu verraten. Ich legte meine Hand auf eine Bibel und schwor. Mir war schwindlig vor Hochgefühl, denn ich hatte das Ende meiner Reise erreicht. In all den Jahren in China hatte ich mir diesen Moment vorgestellt und nun konnte ich endlich für mein Volk kämpfen. Keiner von uns wusste zu dieser Zeit, dass Israel in wenigen Monaten den Unabhängigkeitskrieg gewinnen würde.

Ich wurde zu einem Ort gesandt, der die "Wagner-Fabrik" hieß. Das war früher eine Anlage, die Deutschen gehörte und Handfeuerwaffen für die Araber herstellte. Meine Aufgabe war es – und ich war allein bei dieser Sache - die Demontage der Maschinenanlagen zu überwachen. Später hörte ich, dass es einem der Besitzer gelungen sei, nach Australien zu fliehen, aber der andere Bruder wurde von Stern in Tel Aviv getötet. Ich fand die Fabrik, aber kein Personal, nur einen älteren, unkomplizierten Mann, „Herrn Hoder". Dieser, erfuhr ich später, hatte während des Krieges seine Arbeit als Seemann aufgegeben und wurde, weil er Deutsch und Serbisch sprach, von den Deutschen für einfache Gartenarbeiten und zur Bewachung des Besitzes eingestellt. Die vergangenen Tage hatten mich wegen ihrer aufregenden und seltsamen Aktivitäten physisch und geistig erschöpft. Ich fand glücklicherweise bequeme Schlafräume im Fabrikkomplex und fiel in einen tiefen und entspannenden Schlaf. Am nächsten Morgen wurde ich durch ein festes, aber dennoch leises Klopfen an meiner Tür geweckt und ich sah, wie Herr Hoder sorgfältig ein Tablett mit heißem Kaffee, Brötchen, Marmelade, Butter und geräuchertem Hering hereintrug. Mit einem breiten Lächeln sagte er, „Guten Morgen, hier ist ihr Frühstück!" Es war einer der lustigsten und erstaunlichsten Augenblicke meines Lebens. Hoder und ich wurden in der Zukunft gute Freunde.

Stern wies mir mehrere Aufgaben zu. Eine war es, einen Deserteur, den Ex-Major Costello, von der britischen Armee zu befragen und auch zu bewachen. Er war einer der sehr wenigen Engländer, die nach dem Unabhängigkeitskrieg in Israel blieben, aber die Haganah, Ezel und auch Stern trauten ihm nicht. Das hatte zur Folge, dass Costello, ein mit einer ägyptischen Jüdin verheirateter Christ, immer wieder befragt und fast jede Woche unter die Lupe genommen wurde, oftmals von mir, weil ich Englisch sprechen konnte. Er dachte sich, er könne die ständigen und alles aufhaltenden Nachforschungen vermeiden, wenn er mich dazu bewegen konnte, ständig in seinem Haus zu bleiben. Wir kamen daher zu einer gegenseitigen nützlichen Abmachung: er vermietete mir einen Raum in seinem Haus zu der vernünftigen Miete von 5 Pfund. So war er immer unter „Kontrolle", und ich hatte ein ruhiges Privatleben. Da das Haus sich an der Jaffa-Straße befand (später hieß sie Elath-Straße), war auch die Wohnung von Gisela, meiner künftigen Frau, zu Fuß erreichbar. Das wusste ich aber noch nicht, als ich das Zimmer bei Costello anmietete. Giselas Familie hatte ein Haus in Manchia gemietet, dem alten arabischen Bezirk von Jaffa. Es war ein typisches graues Steinhaus, umgeben von hohen Wänden, die einen offenen Hof verbargen. Inzwischen ist es zerstört, wie viele Orte, die sich mit meiner bewegten Vergangenheit verbinden.

Stern schickte mich durch ein strenges Training, aber nie konnte ich den Ort der Ausbildungslager lokalisieren. Ich lernte unter anderem Maschinenpistolen im Dunkeln auseinanderzunehmen und wieder zusammenzusetzen und wie man Bomben baut. Auch im Nahkampf – „Mann gegen Mann" - wurde ich ausgebildet. Schlafentzug und das Überleben mit kleinsten Nahrungsrationen waren weitere Lektionen der Vorbereitung für den Kampf. Aber mitten in meiner Ausbildung - im Mai 1948 - wurde die Unabhängigkeit des Staates Israel erklärt. Nach der Unabhängigkeit wurde Stern aufgelöst. Unsere Mitglieder folgten unseren Führern in die Armee und versuchten, in Kommandogruppen zusammen zu bleiben. Traurigerweise wurden die meisten der Männer dieser Gruppen im Freiheitskrieg getötet. Und das wäre auch mein Schicksal gewesen, wenn der Führer unserer Kommandogruppe nicht einen Brief von der Luftwaffe bekommen hätte, in dem nach einem Soldaten gefragt wurde, der Erfahrung mit der Wartungsarbeitarbeit von Flugzeugen hatte. Sie wussten, dass ich in China Erfahrungen mit der Reparatur von Flugzeugen gesammelt hatte. So kam es, dass mich mein Offizier zur Luftwaffe sandte. Damit begann eine unglückliche Kette von Ereignissen. Von Anfang an gab es eine große Feindseligkeit zwischen der Haganah - „Palmach", den Verteidigungsstreitkräften, die die Briten von Beginn an bekämpften, sowie Ezel und Stern, von denen die Stern-Mitglieder als die „üblen Burschen" während des Freiheitskrieges galten.

Militärdienst und Militärprozess

Als ich zur Luftwaffe kam, war meine Militärnummer ein nahezu tödliches Mitbringsel. Denn sie ließ auf meine Gruppe schließen und war Zeugnis meiner Mitgliedschaft bei Stern. Alle Stern-Mitglieder trugen Militärnummern, die mit den gleichen Anfangsziffern begannen. Doch die Luftwaffe vertraute niemandem von Stern und entschied auf der Grundlage meiner Zugehörigkeit, mich nicht einmal in die Nähe der Militärflugzeuge zu lassen. Man überstellte mich stattdessen nach Ramat David bei Haifa zur Militärpolizei. Ich war außer mir vor Wut. Die Arbeit als Militärpolizist hatte nicht im geringsten mit meinen Vorstellungen von einer nützlichen Aufgabe beim Militär zu tun. Sie war zu weit entfernt von meinen Wünschen, wie ich für Israel kämpfen wollte. Die Luftwaffe lehnte meine zahlreichen Bitten um Rückversetzung zu meiner ursprünglichen Armeeeinheit energisch ab und informierte mich, dass jeder Ungehorsam in der Kriegszeit gerichtlich verfolgt werde, und ich riskierte, ins Gefängnis zu kommen. Sollte ich ohne Absprache handeln, könnte ich vom Militär als Deserteur behandelt werden und somit erschossen werden.

Die Luftwaffe schickte mich also nicht zu meiner ursprünglichen Einheit zurück und ich hatte nicht die Absicht, Militärpolizist zu bleiben. Das Ergebnis: Ich wurde unter Arrest gestellt. Ich fragte, welche Art Prozess mir bevorstand und man antwortete mir, dass ich die Wahl zwischen einem Luftwaffenprozess oder einem generellen Militärprozess hätte. Welchen sollte ich wählen? Natürlich wollte ich die Konsequenzen meiner beiden „Wahlmöglichkeiten" wissen. Ich erfuhr, wenn ich mein Verfahren in einem Luftwaffenprozess verlieren sollte, bekäme ich eine Gefängnisstrafe von etwa vier Wochen und müsste dann nach Ramat David als Militärpolizist zurückkehren. Und ein Militärprozess? Das wäre eine extrem ernste Angelegenheit, wurde ich informiert. Es war schließlich Kriegszeit und ich könnte als Deserteur erschossen werden. Sie unterrichteten mich, ein Militärprozess sei der einzige Weg, einen eigenen Rechtsanwalt zu bekommen. Das war es, was ich wollte. Ich optierte für den Militärprozess, weil ich nicht zurückgehen und „Wachmann" sein wollte und darüber hinaus sicher war, meinen Prozess mit einem guten Rechtsanwalt zu gewinnen. Mit Hilfe der guten Anwaltskanzleien meiner früheren Organisation wurde mir ein ausgezeichneter Rechtsanwalt vermittelt, ein Mann namens Tamar. Er war einer der besten juristischen Köpfe und dafür bekannt, erfolgreich Mitglieder von Ezel und Stern verteidigt zu haben. Später wurde Tamar in die Knesset gewählt.

Das waren befremdliche Zeiten in Israel, und es wurde in diesen Tagen nicht als ungewöhnlich angesehen, dass mein Prozess im Hotel Hajarkon in Tel Aviv stattfand. Damals befand sich dort das Luftwaffenhauptquartier, und die Verfahren fanden in der Bar dieses Hotels statt. Anwesend waren zwei Offiziere der Luftwaffe, die bezeugten, dass ich ein Militärpolizist bleiben sollte, dann ein früherer Stern-Offizier, mein Rechtsanwalt, der Richter und ich. Das Urteil fiel zu meinen Gunsten aus, und ich wurde sofort einem Militärflughafen in Tel-Nof zugewiesen, um an Flugzeugen zu arbeiten. Die Offiziere, die für dieses ganze Fiasko verantwortlich waren, wurden zu unangenehmen Aufgaben versetzt, vielleicht in die Negev-Wüste, wie ich hörte.

Ich war kurz davor, das erste Vierteljahrhundert meines Lebens zu beenden, aber es schien mir, als hätte ich viele Leben durchlebt. Ich kannte keine Furcht noch einen Meister. Ich hatte gelebt und war gereift als mein eigener bester Berater. Ich war voller Stolz ein einsamer Wolf.

Wenn man einen Ausgangspass erhalten wollte, um den Luftwaffenstützpunkt zu verlassen, war das eine schwierige und unsichere Angelegenheit. Deshalb ersann ich eine komplizierte, aber erfolgreiche Methode, „unabhängig vom System" aus der Basis heraus zu kommen. Mehrmals in der Woche kroch ich durch ein Loch im Stacheldrahtzaun und überquerte ein offenes und sehr staubiges Feld. Das illegale Verlassen des Stützpunktes über Trampelpfade wurde damals in Israel „über die Burma-Straße" gehen, genannt. Danach brauchte ich ungefähr zwei bis drei Stunden für Autostopp, (das war damals noch ungefährlich), um zu meiner Wohnung in der Jaffa- Straße zu gelangen. Meine kleine Wohnung an der Jaffa-Straße, das war mein Refugium, mein ruhiger und sicherer Zufluchtsort. Da wusch ich mir den Staub der „Burma-Straße" ab, zog mir Zivilkleider an und machte mich auf zum Haus meiner Freundin.

Seit ich in Tel-Nof arbeitete, richteten sich meine Gedanken und Bemühungen mehr und mehr auf das junge Mädchen, das ich in Zypern kennengelernt hatte und das ich liebte: die zierliche Schönheit Gisela Imberg. Ich erfuhr, dass

63

sich Gisela in Israel Ezel angeschlossen hatte. Von ihnen wurde sie zu dem Landwirtschaftscamp „Schuni" bei Binjamina geschickt, eine alte „Rothschild-Burg". Dort besuchte sie morgens die Schule, erlernte landwirtschaftliche Arbeitsmethoden, Hebräisch und die Grundlagen, wie man Waffen bedient. Nachmittags verrichtete sie verschiedene Haushaltsarbeiten.

Da diese Landwirtschaftsschule in einer einsamen Gegend lag, in der leicht feindliche Araber eindringen konnten, mussten alle 15–18jährigen Schuni Tag und Nacht bewachen und lösten sich alle zwei Stunden ab. Währenddessen reparierte ich Flugzeuge. Auch wenn das nicht meinen Vorstellungen von einem engagierten Kampf für Israel entsprach, so war es doch besser, als Soldaten zu bewachen. In meiner zweijährigen Dienstzeit in Tel-Nof habe ich wertvolles technisches Wissen gesammelt, aber ich konnte, auch wegen der 5 Pfund für die monatlichen Mietzahlungen, nicht sehr viel Geld sparen. Im Jahr 1950 erhielt ich meine Entlassungspapiere. Die Stern-Gruppe hatte sich lange schon aufgelöst, denn ihr Kampf war nicht mehr notwendig. Mein alter Lebensinhalt hatte seinen Sinn verloren.

Die Werbung um Gisela

Von Natur aus bin ich ein neugieriger Bursche, immer erwartungsvoll und bereit, jemanden kennen zu lernen. Die Menschen in diesen Tagen und bis zu einem gewissen Maße auch heute noch sprachen sich auf der Straße oder in öffentlichen Verkehrsmitteln an, obwohl sie Fremde waren. Es war nicht ungewöhnlich, dass ich Menschen traf, deren Wege meine Wege zu anderen Zeiten oder auf anderen Kontinenten gekreuzt hatten und ständig schaltete ich von einer Sprache zur anderen um: Deutsch, Englisch, Chinesisch, Hebräisch oder Arabisch. Wie es das Glück wollte, traf ich eines Tages wieder einmal einen Mann auf der Straße, den ich auf Zypern kennen gelernt hatte. Er kannte Gisela und kam sogar gerade von einem Besuch bei ihr in Jaffa. So hatte ich schließlich Giselas Adresse. Armer Bursche, denn er interessierte sich für Gisela, besuchte sie oft und hatte, als er mir die Adresse gab, keine Ahnung, dass ich mich ebenfalls ernsthaft für Gisela interessierte.

Damals begann ich, um Gisela zu werben. Jeden Augenblick, den ich mich von der Luftwaffe freimachen konnte, besuchte ich Gisela in Jaffa. Dorthin war sie umgezogen, nachdem sie Schuni verlassen hatte und nach der Unabhängigkeitserklärung, um bei ihrer Familie zu leben. Für kurze Zeit besorgte sie den Haushalt und suchte Arbeit. Sie wurde dann als ehrenamtliche Telefonistin eingestellt, bis sie eine bezahlte Arbeit in einer Wäscherei fand, in der sie Bügeln lernte. Da ich nicht Rumänisch sprach, war es mir fast unmöglich, mich außer mit Herrn Imberg mit anderen Familienmitgliedern zu unterhalten. Deshalb saß ich oft im Hof und las ein Buch, während ich darauf wartete, dass Gisela mit ihrer Arbeit fertig war.

Ich liebte sie sehr. Während ich um sie warb, war jedoch ihre Liebe für mich manchmal nicht so stark, immerhin hatte sie mir in Zypern schon einmal einen Korb gegeben. Aber ich hatte Ausdauer, und schließlich verliebte sie sich in mich. Doch ich hatte mehr als eine Barriere zu überwinden. Erst einmal gab es einen weiteren Kampf, denn Giselas Eltern fanden nicht soviel Gefallen an einer Verbindung mit mir, und sie hatten ein Auge auf einen anderen geworfen. Gisela hatte einige Verehrer. Ein Rendezvous war in diesen Tagen meistens „platonisch", aber trotzdem mussten wir eine Anstandsdame ertragen. Ich hatte noch das andere Problem, dass Solo, einer ihrer starken Verehrer, unsere Beziehung wie ein Schatten begleitete. Manchmal fuhr er vor ihrem Haus in einem Armeelastwagen vor, einmal kam er sogar in einer Limousine mit Fahrer, ein sehr beeindruckender Anblick für ein 17jähriges Mädchen. Aber gerade dieses Ereignis erwies sich als Wendepunkt in unserer Beziehung. Gisela hatte sich eines Abends bereit erklärt, mit mir ins Kino zu gehen, und als wir die Straße entlang liefen, trat Solo in einer Limousine mit Chauffeur auf. Gisela schlug eine für mich völlig inakzeptable und unvorstellbare Sache vor: wir sollten alle drei zusammen ins Kino gehen. Ich war absolut dagegen: „Entweder wir gehen zu zweit, oder ich bringe dich zu Eurem Haus zurück!", sagte ich Gisela. Ich kann mich heute noch fast wortwörtlich erinnern: „Ich habe dich von Eurem Haus abgeholt und ich werde dich zurückbringen." Wir gingen zu ihrem Haus zurück, und nachdem ich weggegangen war, fuhren sie und dieser Bursche zum Kino.

Trotzdem entwickelte sich unsere Beziehung weiter, und zwar auf eine erregende und zufriedenstellende Art. Ich reicherte unsere Rendezvous mit kleinen Geschenken an, besonders mit Cremeschokolade, die Gisela sehr liebte. Schokolade war in diesen Tagen ein seltenes Gut, sehr teuer und schwer aufzutreiben. Niemand hatte in diesen frühen Tagen der Unabhängigkeit viel Geld, aber wir besaßen alle Ausdauer und Kreativität. Jeder versuchte, dem anderen zu helfen. Und wir verbrachten jeden Freitag auf Partys, hatten eine gute Zeit und konnten in diesen Zirkeln enge Freundschaft genießen. Glücklicherweise bekam ich fast sofort Arbeit, nachdem ich das Militär verlassen hatte. Und zwar durch Kurt Seidel, meinen Freund aus chinesischen Zeiten. Ich wurde bei EL AL in Tel Aviv angestellt und arbeitete an den elektrischen Systemen von Flugzeugen. Allmählich konnte ich ein wenig Geld sparen und bat Gisela wieder, mich zu heiraten. Und sie wies mich wieder ab! Aber später gab sie nach und sagte ja! Und nun fingen wir an, zusammen unsere Zukunft zu planen.

Unsere Hochzeit

Das erste Hindernis war die fehlende Wohnung. Ich hatte mich für eine kleine Eineinhalb-Zimmer-Wohnung angemeldet, die noch im Bau war und in die wir nach unserer Hochzeit umziehen könnten. Die Wohnung sollte in ungefähr sechs bis zwölf Monaten fertig sein und hatte außerdem den Vorteil, dass auch ein kleines Grundstück dazu gehörte. Aber - und es gibt immer ein „Aber" in meiner

Geschichte - 1950 kam ich gerade aus der Armee und Gisela wurde soeben 18
Jahre alt und zur Armee einberufen. Wenn sie die nächsten zwei Jahre im Mili-
tär verbringen würde, hätte dies sehr wahrscheinlich das Ende meiner Liebesge-
schichte bedeutet. Aber wenn wir sofort heirateten, müsste sie nicht zum Militär.
Aber sofort zu heiraten, warf wieder die auf. Herr und besonders Frau Imberg,
Giselas Mutter, waren absolut gegen Giselas Heirat ohne einen ordentlichen
Platz zum Leben. Sie konnten sich ihre Tochter bestimmt nicht in der Bretterbu-
de vorstellen, die ich mir als ausgezeichnete Übergangslösung ausgedacht hatte.
Abraham (Adolf) Imberg stellte in Israel Polstermaterial her, Frau Imberg arbeitete als Schneidermeisterin. Natürlich wollten sie sicher gehen, dass ihre
Tochter in gute Obhut kam. Für mich reichte die einfache Bretterbude mit einem
Raum zum Duschen, einer Küche und einem Bett, bis unsere Wohnung bezugs-
fertig sein würde. Aber den Imbergs war das nicht gut genug, so dass wir tief in
unsere Taschen greifen mussten, um etwas finden, das ihre Zustimmung bekäme.

Zu dieser Zeit kam meine Familie aus China nach Israel: Onkel Dagobert und
seine Frau Ruth, ihre Tochter Gabi und Tante Hilda sowie Großmutter Fanny
Reich. Onkel Dago arbeitete bald im Gesundheitswesen und mietete ein Haus in
Cholon. Sie fanden in ihrer Nähe eine Wohnung, die wir mieten konnten. Das
riss ein großes Loch in unsere Taschen, aber dieses Opfer war es wert.

Wenn ich nicht von den Wohnungsproblemen erschöpft und zornig über die
Unfreundlichkeiten gewesen wäre, die mir in den Weg kamen, hätte ich unseren
großen Hochzeittag am 6. August 1950 noch besser genießen können. Ungefähr
100 Leute drängten sich in Giselas Elternhaus zusammen, um die Verkündung
des Rabbis zu bezeugen, dass wir Ehemann und Ehefrau sind. Wir aßen alle
Arten des damals knappen und köstlichen Fleisches und viele ebenfalls knappe
und köstliche Bonbons. Dank Giselas Vater wurde unseren Gästen ein Ständ-
chen von einer Klezmermusik-Gruppe dargebracht. Und wir wurden natürlich
auch „Opfer" der üblichen Hochzeitsspäße, wenn etwa das Essbesteck fehlte
und das Taxi nicht kam, das uns zum Hochzeits-Fotografen bringen sollte.
Zweifellos war das ein Vorläufer vieler zukünftiger Stöße auf dem Lebensweg,
aber wir waren jung, voller Begeisterung für die Zukunft, und wunderbar optimistisch. Und unsere Flitterwochen lagen vor uns.

Unseren einwöchigen Urlaub, der uns großzügig von unseren Gästen als
Hochzeitsgeschenk spendiert wurde - sie waren ja auch klamm beim Geld - verbrachten wir zumeist im Bett in einem Hotel am Meer in Tel Aviv. Wenn ich
jetzt auf diese Woche zurückblicke, glaube ich, dass wir nur aus dem Bett kamen, um etwas zu essen!

Einfaches Leben in Israel

Es war nur eine Angelegenheit von Monaten, bis wir unsere Übergangswoh-
nung verlassen und in unsere eigenen vier Wände ziehen konnten. Und zwar mit

66

wirklich allem, was wir hatten, also ein paar Einrichtungsgegenständen aus Orangen-Steigen. Einige zusammengehämmerte Holzleisten mit einem hübschen Vorhang drapiert, den Gisela genäht hatte, wurden unsere Garderobe. Es gab wenig Bequemlichkeit. Die Lebensmittel wurden in einem weißen Schrank frisch gehalten, der zwar wie ein Kühlschrank aussah, aber tatsächlich durch Wassereis gekühlt wurde. Und jeden Tag reihten wir uns zu früher Stunde in eine Warteschlange ein, um unseren Eisblock zu bekommen, der mit einem Eselskarren direkt vor unserem Wohnblock angeliefert wurde. Eine lange und sehnlich herbeigesehnte Verbesserung unseres Lebens brachte daher ein Einkauf mit dem deutschen Entschädigungsgeld für meine sogenannte „Schulunterbrechung". Es reichte gerade, um die Kosten für einen schönen kleinen Elektrokühlschrank zu decken. Ich bewunderte ihn und stand gern vor diesem schönen Stück einer glänzend weißen Erfindung. Es war das beste Möbelstück in unserer Wohnung.

Damals hatten wir die „Zena"-Tage, die Tage der Rationierung, wo wir Alle für Alles in einer Schlange anstehen mussten. Das war zeitraubend, langweilig und notwendig, und so fanden wir Wege, zusammenzuarbeiten. Freunde und Nachbarn wechselten sich in der Schlange ab, bis der Nächste sie von dieser Pflicht befreite. Jeder stellte sich damals für alle Art von Einkäufen auf, auch für Fleisch und Petroleum, das wir zum Kochen brauchten. Gisela und ich arbeiteten beide. Ich fuhr jeden Tag zum Flughafen und Gisela arbeitete jeden als wandernde Rhythmik-, Musik- und Tanzlehrerin für Kindergärten. Deshalb störte es uns nicht so sehr, dass die Wohnung klein und armselig eingerichtet war. Wenn wir am Abend zurückkamen, musste ich mich meinen Außer-Haus-Pflichten zuwenden, den Hühnern, Kaninchen und Enten, während Gisela das Abendessen zubereitete.

Wie ich in das Tierhaltungsgeschäft kam? Ein Kollege von EL AL hatte neben seiner regulären Arbeit auf dem Flughafen eine kleine Hühnerfarm und bot mir mehrere Küken an. Kostenlose Hühner bedeuteten jeden Morgen kostenlose Eier. Ich hatte nie vorher Hühner aufgezogen, aber ich habe Talent, mich um Tiere zu kümmern. Deshalb sagte ich ja und begann sofort eine kleine Holzkiste für unseren Garten zu bauen, um dort die Tiere unterzubringen. Da zu unserer Wohnung ein kleiner Garten gehörte, den wir nutzen konnten, dachte ich, ich könne diesen Platz gut gebrauchen für die Produktion von Lebensmitteln. Denn dafür mussten wir dann nicht in einer Reihe anstehen. Später war es nur ein natürlicher Sprung von Hühnern zu Enten und zu Kaninchen. Und dann begann ich, schlecht beraten, mit dem Wagnis, Truthähne aufzuziehen. Aber zuerst brachte ich noch etwas zögernd, aber mit großen Hoffnungen meine Küken heim zu Gisela. Diese Hühner wurden mein Stolz und meine Freude. Ich gab sogar jedem Huhn einen Namen, was Gisela amüsierte und verwirrte: Hühner mit Namen? Sie war humorvoll und tolerant bei der Namengebung, aber als ich die Hühner dann während einer schrecklich kalten Winternacht sicher in unserer kleinen Badewanne aufbewahrte, weil ich Angst hatte, die Hühner könnten bei dem schlechten Wetter leiden, da verlor Gisela ihre Fassung. Ich musste mit meinem kostbaren Besitz einen schnellen Rückzug nach draußen antreten. Dann hatten wir einmal eine bitterkalte Nacht, in der ich Gisela überzeugen konnte, einige junge Truthahn-Küken in unserem Haus unterzubringen und in unser Bett zu stecken, um sie warm zu halten. Sie waren gerade ausgeschlüpft und kämpften um ihr Leben. Leider war eins am nächsten Tag tot. Meine Erfahrungen mit Truthähnen waren kurzlebig.

Ich lernte meine Nachbarn schnell kennen, als ich eines Tages meine weggelaufenen Kaninchen unter den Hecken und auf anderen Grundstücken jagte, die neben unserem Wohnhaus lagen. Die Schulkinder waren besonders hilfreich, mir meine kostbaren Pelzfreunde zurückzugeben. Als einmal alle Kaninchen weggelaufen waren und ich sie nicht finden konnte, ging ich zur Schule nebenan und fragte: „Hat irgend einer vor kurzem ein Kaninchen oder zwei bekommen?" Sie antworteten mit Schadenfreude, dass wirklich einer ihrer Freunde mehrere neue Kaninchen hatte. Mit dieser Auskunft besuchte ich den Schüler und fand heraus, dass er gerade mehrere bekommen hatte - meine! Die Kaninchen, die nicht koscher und orthodoxen Juden sogar streng verboten sind, waren solche hübschen Geschöpfe, dass ich es selbst nicht über das Herz bringen konnte, sie für das Abendessen zu schlachten. Auch mein Nachbar, ein sehr religiöser Mann mit Metzgerkenntnissen, wollte das nicht für mich tun. Ich musste jemanden finden, der weniger bequem war und sie tötete. Heutzutage kann ich mir gar nicht mehr vorstellen, wie ich solch ein Fleisch essen konnte. Aber so war es damals.

Jeden Tag hatten wir auch eine Menge Eier. Wir neckten uns, diesen Tag hätten wir Eier und Nudeln und am nächsten Tag Nudeln und Eier. In meinem späteren Leben sollten sich meine israelischen Erfahrungen mit der Hühnerzucht als hilfreich erweisen: Als ich nämlich bei einer anderen komischen Gelegenheit Hühner geschenkt bekam, diesmal von der deutschen Post. Es war wohl so, dass jemand eine ganz besondere Hühnerrasse zur Auslieferung an unser heimisches Postamt in Frankfurt geschickt hatte, aber er versäumte es, sie abzuholen. Deshalb fragte mich mein Freund von der Post, der die Hühner nicht töten wollte, ob ich sie haben wolle. Ich nahm sie und tauschte sie bei einem Lebensmittelhändler, der auch Hühnerzüchter war, gegen Tiefkühlhühner um. Er war mir sehr dankbar für den Tausch. Meine Frau hatte es nach ihren schlechten Erfahrungen in Israel abgelehnt, die lebenden Hühner aufzunehmen, obwohl ich ihr nochmal „immer frische Eier" versprochen hatte.

Israelische Geschichten

Jeder in Israel kann eine interessante Geschichte erzählen, das ist sicher. Menschen, die so viel gelitten haben wie die Juden, werden immer wieder gezwungen, ihre Pfade mit Leuten aus weitab gelegenen Orten zu kreuzen. Das ist unser Schicksal. So ging es auch mir, auch ich stieß immer wieder auf Menschen aus meiner Vergangenheit. In diesen frühen Tagen in Israel passierte das fast regelmäßig.

Eines Tages kam ich mit dem Bus von der Arbeit bei EL AL zurück und saß neben einem Mann, der dort als Leiter der IBM-Abteilung arbeitete. Als wir plauderten und die üblichen Themen ansprachen, die Israelis interessieren – „Wo kommen Sie her und wie kamen Sie hierher?" - erfuhr ich, dass wir als Schüler die gleiche Schule in Breslau besucht hatten. Und ich erinnerte mich, dass ich zusammen mit ihm in der Wohnung seiner Eltern war; Erinnerungen an meine glückliche Kindheit. Ich konnte ihn vor meinem geistigen Auge sehen, als ob es gestern wäre. Es war Martin Chajot, der in unserer Schule als einer der Zwillinge bekannt war. Damals Zwilling zu sein war wirklich außerordentlich. Martins Familie hatte das Problem staatenlos zu sein. Alle staatenlosen Juden, die aus Polen nach Deutschland eingewandert waren, aber keinen deutschen Pass besaßen, wurden im Oktober 1938 nach Polen abgeschoben. Auch seine Familie musste Deutschland verlassen und nach Polen gehen, von wo sie ursprünglich gekommen war. Als die Deutschen in Polen einmarschierten, flohen sie nach Russland. Martin berichtete mir, dass er in Russland in die Hochschule geschickt wurde und sich bei seinen akademischen Studien auszeichnete. Er wurde als einer der besten Studenten des Jahres belobigt und es war eine ganz besondere Ehre, von Radio Moskau interviewt zu werden.

Später musste er in die sowjetische Armee eintreten und wurde Offizier, marschierte mit in Deutschland ein und wurde zum Hauptquartier in Berlin abkommandiert. Dort arbeitete er als Dolmetscher zwischen Russen und Deutschen. Eines Tages hatte er genug von den Russen und ging in voller Uniform und mit seinem Gewehr über die Grenze nach Westen. Wahrscheinlich war es für einen Offizier leichter überzulaufen als für einen Wehrpflichtigen. Die Amerikaner empfingen ihn begeistert und sandten ihn zu seinem Schutz in ein sicheres Haus nach England, denn sie glaubten, sein Leben sei in Gefahr. Er bekam einen neuen Namen und eine ganze neue Identität, schließlich war er ein Geheimnisträger. Später ging er von England nach Israel, heiratete dort und bekam zwei Töchter und einen Sohn. Eine seiner Töchter reiste nach ihrer Entlassung aus der Armee nach Paris und starb bei einem tragischen Autounfall. Martin erholte sich nie von diesem schrecklichen Schock. Seine Tochter hatte den Krieg in Israel überlebt und starb dann auf fremdem Boden während eines Urlaubs. Martin selbst starb später an einem Herzanfall, als er in seinem Auto durch Israel fuhr und noch ein junger Mann von etwa 50 Jahren war.

Eine andere seltsame Erzählung dreht sich um den Zwillingsbruder von Martin. Er ging mit seiner Familie nicht nach Polen, sondern wurde von einer deutschen Familie versteckt, die ihm eine neue Identität gab. Tragischerweise musste er zur deutschen Wehrmacht, die ihn nach Russland schickte. Als er sich eines Nachts mit Kameraden betrank, erzählte er ihnen, er sei Jude und wurde am nächsten Tag von einem deutschen Militärgericht verurteilt und sofort erschossen.

Wie ich schon erwähnte, traf ich Sami Hirsch, mit dem ich in Breslau zur Schule gegangen war, auf der „Ben Hecht". Er war durch mehrere Konzentrationslager gegangen und der einzige seiner Familie, der den Holocaust überlebte. Schließlich wurde er mehr tot als lebendig aus Auschwitz befreit. Solange ich Sami kannte, sprach er nie über die Einzelheiten seiner Inhaftierung, sondern nur davon, dass er der einzige Überlebende der Familie war. Nach seiner Befreiung verbrachte er viele Monate im Krankenhaus wegen Tuberkulose, die er sich in Auschwitz zugezogen hatte. Er litt den Rest seines Lebens an dieser schrecklichen Krankheit. Sami wurde Staatsbeamter in Israel, immer geschwächt durch die Tuberkulose, und der Arzt riet ihm, Israel zu verlassen. Das Klima in Israel sei nicht gut für ihn. Sami zog um nach Antwerpen in Belgien und wurde während dieser späten Lebensjahre sehr religiös. Als Sami zum ersten Mal nach Israel kam, schloss er sich Ezel an. Das war in einer sehr dunklen Zeit unserer Geschichte, als der damalige Ministerpräsident David Ben Gurion Juden befahl, auf jüdische Brüder zu feuern.

Das Schiff „Altalena" war nach „Ben Hecht,, das zweite Schiff, das Ezel nach Israel schickte. Die Altalena war mit Waffen vollgeladen, die bestimmt waren für Ezel, der Organisation von Menachim Begin. Ben Gurion hatte Sorge, dass diese Waffen benutzt werden könnten, um die inneren Konflikte in Israel auszukämpfen. Deshalb beschloss er, die Altalena anzugreifen und das Schiff zu beschlagnahmen. Sami wurde abkommandiert, im Hafen die Entladung des Schiffes vorzubereiten. Doch als er seiner Pflicht nachkam und selbst versuchte, Waffen herauszuschmuggeln, machte ihn das zu einem gejagten „Verbrecher". Ich versteckte ihn eine Zeit lang bei einem Freund, der in der gleichen Straße wohnte wie ich, der Tel-Aviv-Straße in Jaffa. Dieser Freund war ein sephardischer Jude aus Amsterdam namens Ricardo, dessen Vater der Rabbiner der sephardischen Gemeinde von Amsterdam war. Ricardo hatte sechs Kinder, und jedes spielte ein Instrument. Seine Frau kam auch aus Amsterdam. Diese Familie hatte ihr eigenes Orchester! Und Ricardo hatte ein besonderes Hobby: Jede Woche gab er Orgelkonzerte in der nahegelegenen christlichen Immanuel-Kirche. Ich mochte Ricardo wegen seiner Liebe und Hingabe für Ezel und Stern.

Als Sami Hirsch heiraten wollte, hatte auch er Wohnprobleme. Deshalb organisierte ich für ihn eine arabische Wohnung in Jaffa. Wir blieben lebenslang Freunde, ich besuchte ihn in Antwerpen, und er besuchte mich in Frankfurt. Die deutsche Regierung bezahlte Samis regelmäßige medizinische Untersuchungen in Davos, weil die Luft hoch oben im Gebirge frisch und sauber ist. Es ging ihm so schlecht, dass er während einem seiner Aufenthalte im Sanatorium sogar dazu verdammt war, sechs Monate lang im Bett zu verbringen. Nach vielen Lebensjahren in Antwerpen verschlechterte sich seine Krankheit, aber gegen den Rat seines Arztes fuhr er zurück in seine Tel Aviver Wohnung in Ramat Aviv. In

Israel verschlechterte sich seine Gesundheit Tag für Tag. Er reiste noch einmal nach Davos und versuchte sich zu erholen, aber er sollte nie nach Israel zurückzukommen. Seine Frau, die in Israel auf ihn wartete, erhielt ein Telegramm, dass ihr Mann gestorben sei. Sein Leichnam wurde nach Israel überführt, damit er in heiligem Boden begraben werden konnte. Meine Frau und ich haben immer noch Kontakt zu Samis Frau Rivke.

Martin, Sami und Ricardo waren alle Teil meiner persönlichen Geschichte und auch Teil der jüdischen Geschichte. Ich könnte ein Buch von Tausend und einer Erzählung schreiben, aber ich erwähne hier nur die Leute, die mir nahe waren und mit denen ich Freundschaft schloss.

Das Leben in Israel schien mir in den Jahren nach meiner Hochzeit im Jahre 1950 völlig normal zu sein. Ich arbeitete bei EL AL, und wir lebten in unserer kleinen Wohnung. Dennoch waren das in Israel wirtschaftlich schreckliche Zeiten, als wir die Rationierung hatten, die „Zena"-Zeit. Die Menschen bekamen pro Woche nicht mehr als 150 Gramm Fleisch pro Person. So kam es zur südafrikanischen Episode.

Eine Episode in Südafrika

Einmal im Jahr bekam ich von meinem Arbeitgeber die Möglichkeit, mit einem Freiflug ins Ausland zu fliegen. Dennoch war „ins Ausland gehen" keine leichte Angelegenheit, weil man trotz des freien Fluges Geld haben musste, um außerhalb des Landes zu leben, und in dieser Zeit verdienten wir nicht soviel, um das anzusparen. In den frühen 1950er Jahren beschlossen Gisela und ich, die Freiflüge auszunutzen und nach Johannesburg in Südafrika zu reisen. Mein Arbeitgeber hatte mir einen zweimonatigen Sonderurlaub bewilligt, und zusammen mit meinem einmonatigen normalen Urlaub hatte ich also drei Monate, die ich außerhalb von Israel verbringen konnte. Ich vermietete meine Wohnung einem südafrikanischen Juden, einem älteren Mann aus Kapstadt, Besitzer einer Möbelfabrik, der gerade im Land war, um eine Ehefrau zu finden – und er fand eine! Das Mietgeld für meine Wohnung sollte mir als zusätzliches Einkommen für die drei Monate in Südafrika dienen.

Ein langer Flug mit einer „Super-Constellation" brachte uns von Tel Aviv nach Johannesburg. Aber ich hatte nicht damit gerechnet, Mühe zu haben, das Mietgeld von der Schwester dieses Mannes zu bekommen. Sie verzögerte mit allen möglichen Entschuldigungen die Zahlung. Und ich hatte nicht einmal die 20 Pfund für den Fahrpreis, geschweige denn 40 Pfund, wenn ich Gisela mitnehmen wollte, um nach Kapstadt zu reisen, wo die Frau wohnte und wo ich hätte Druck machen können. Zum Glück fand ich eine Arbeit auf dem Flughafen in Johannesburg, und wir mieteten ein möbliertes Zimmer für 6 Pfund im Monat. Es war nicht sehr bequem, aber wir hatten eine „Sparhaltung". Wir konnten dann etwas Kleidung und andere Dinge kaufen, zum Beispiel chinesisches Porzellan, das es in Israel nicht gab oder extrem teuer war.

Alles in allem war meine kurze Begegnung mit dem Leben im südlichen Klima nicht positiv. Ich machte eine Serie unangenehmer Erfahrungen einschließlich eines Anrufs betrunkener und aggressiver Nachbarn, die mich fälschlich für einen deutschen Nazi hielten. Damals glaubte man dort, alle, die Deutsch sprechen, seien Nazis. Dabei schmerzte mich die Trennung von Schwarzen und Weißen in Südafrika und auch der allgemeine Mangel an Hilfsbereitschaft in der ganzen Gesellschaft. Diese „Wildwest-Mentalität" entsprach nicht meinen Vorstellungen und ich wollte dort nicht länger leben. Wenn ich meine Tel Aviver Wohnung nicht für drei Monate vermietet hätte, wäre ich lieber früher nach Israel zurückgekehrt.

Nach unserer Rückkehr verlief das Leben ruhig und ohne große Ereignisse. Gisela und ich waren neugierig auf die Welt, und unser nächster größerer Ausflug aus Israel führte nach Europa, und zwar nach Deutschland.

6. Wieder in Deutschland (1958–2005)

Zurück nach Deutschland

Zur Vorbereitung auf die Reise nach Deutschland versuchte ich herauszufinden, ob jemand von meiner Verwandtschaft noch lebte, vor allem ob noch irgend jemand in Deutschland war. Ich erfuhr tatsächlich, dass meine Cousine Gerda Witkowski, ihr Bruder Horst und ihre Mutter Frieda in Essen lebten. Ich hatte nämlich einen Brief an die jüdische Gemeinde nach Essen geschickt, und wie es der Zufall wollte, sah meine Cousine den Brief, da sie in dieser Gemeinde arbeitete. Gerdas Vater und mein Vater waren Brüder, und da Gerdas Mutter Frieda Christin war, wurde sie nicht in ein Todeslager, sondern in ein Zwangsarbeitslager geschickt.

Ein anderer Cousin vierten Grades lebte in Berlin. Sein Vater und mein Großvater waren Brüder. Leo Witkowski war einmal ein erfolgreicher Kaufhausbesitzer in Berlin und überlebte, weil ihn seine Haushälterin während des Krieges in einem Hausboot auf der Spree versteckt hatte. Leo war, als ich ihn in den 1950 er Jahren fand, zusammen mit Heinz Galinski einer der Gründer der Jüdischen Gemeinde in Berlin und betrieb ein Spielkasino auf dem Kurfürstendamm.

Als ich im August 1956 frisch aus Israel und wie ein Tourist zum ersten Mal wieder nach Deutschland zurückkam, das ich ja als sehr junger Mann verlassen musste und dort Leute im Kasino spielen sah, war das für mich unvorstellbar. Sie warfen ihr schwer verdientes Geld in der Hoffnung weg, viel mehr daraus zu machen. Welch ein Schock, welch eine Verschwendung. Wie man sich denken kann, bin ich kein Spieler - und das in jedem Sinne des Wortes!

Ich hatte einen israelischen Pass, gültig für alle Länder der Welt – aber darin stand auch auf französisch: „ausgenommen Deutschland". (siehe Pass im Bilderanhang) Kein anständiger Israeli hätte jemals daran gedacht, seinen israelischen Pass für eine Deutschlandreise zu benutzen. Wenn die israelischen Einwanderungsbehörden einen Stempel „eingereist nach Deutschland" sehen würden, hätte das zumindest so etwas wie eine moralische Bestrafung mit reichlich „Feuer" in Israel gegeben. Deshalb dachte ich mir folgenden Plan aus: Ich wollte mit meiner Geburtsurkunde und meinem alten deutschen Pass mit dem markant hineingestempelten „J" nach Frankreich reisen. In der deutschen Botschaft zu Paris wollte ich dann bitten, mir zu helfen, damit ich Deutschland besuchen kann. Gisela müsste ebenfalls einbezogen werden, obwohl sie nie die deutsche Staatsangehörigkeit besaß. Ein Botschaftsmitarbeiter sagte in Paris, er werde mir und Gisela einen Familienpass ausstellen. Sobald ich nach Berlin käme, sollte ich zur Polizei gehen, die mir sofort einen regulären deutschen Pass ausstellen würde.

Das Gesetz, das solch eine Angelegenheit regelte, besagte, dass jeder deutsche Bürger, der seine Staatsangehörigkeit wegen den Nazis verloren hatte, einen neuen Pass bekommen konnte, ohne seinen anderen Pass abgeben zu müssen, den israelischen in meinem Fall. Als wir später zur zuständigen Berliner Behörde kamen, dauerte es nur kurze Zeit, bis ich meinen deutschen Pass bekam. Bei Gisela war es etwas schwieriger, da sie früher rumänische Staatsbürgerin war. Aber auch hier „lehnten sich die deutschen Behörden weit hinaus" und halfen ihr, einen deutschen Pass zu bekommen. Giselas deutscher Pass wurde in Analogie ausgestellt aufgrund eines Gesetzes, „wenn ein deutscher Soldat eine Ausländerin heiratet, bekommt seine Ehefrau automatisch die deutsche Staatsangehörigkeit und kann ihre ursprüngliche Staatsangehörigkeit behalten." Der Besitz eines deutschen Passes brachte viele Vorteile, nicht der geringste war, dass man sich in Europa und dem Mittleren Osten frei hin- und herbewegen konnte. Und wollten wir je in die Vereinigten Staaten einwandern, würde unsere Bitte um Aufnahme durch einen deutschen Pass auch sehr unterstützt.

Viele Juden wanderten damals nach Amerika aus. Meine Familie, Dagobert und Ruth, Hilda und meine Großmutter Fanny verließen 1948 China noch auf legalem Weg, als es dort für Juden immer bedrohlicher wurde, weil Mao-Tse-Tungs kommunistische Truppen näher rückten. Sie reisten nach Israel, weil Juden dort nach der Unabhängigkeit legal einwandern konnten. Mein Onkel fand zwar Arbeit beim israelischen Gesundheitsdienst als Masseur, und meine Tante Hilda gab Sprachunterricht. Aber sie beschlossen nach fünf Jahren, nach Amerika weiterzuwandern. Wir aber blieben damals in Israel und unser Leben verlief glatt, aber es blieb für mich eine ständige Herausforderung, den Lebensunterhalt zu verdienen. Ich konnte versuchen was ich wollte, mein Arbeitsstatus wurde nicht besser, und mit dem Lohn, den ich verdiente, wurde unser Lebensstandart nicht höher. Das Einkommen reichte nicht, Gisela und mir ein angenehmes Auskommen zu sichern, wir konnten es uns nicht leisten, aus unserer kleinen Wohnung auszuziehen.

EL AL holte zu dieser Zeit –1956 - Fachleute aus aller Welt nach Israel: Iren, Engländer, Amerikaner, Schweden, Dänen. Trotzdem wurde ich weiterhin nicht befördert. Ich gewann die Überzeugung und glaube es bis heute, dass man als Konservativer benachteiligt wurde in der Zeit der Mapei- und Mapam-Gewerkschaften, den nationalen Kommunisten und Sozialisten, die zusammen mit den Regierungsparteien das Sagen hatten. Beförderungen bekamen treue Parteimitglieder, und ich gehörte der falschen Partei an. Mein direkter Chef, der die Schlüssel zu jeglicher Beförderung bei meiner Arbeit in den Händen hielt, war ein Mann, der im Kibbuz von Ben Gurion gewesen und Mitglied im Kibbuz Ein-Harod war. Zwei Lebensdaten, die damals die Qualifikation für eine hohe Position in Israel sehr stärkten.

Dabei kam ich prächtig aus mit meinen internationalen Mitarbeitern. Ich lernte von ihnen, und sie lernten von mir. Mich faszinierte ihre Denkweise und wie sie mit ihrem Leben und ihrer Arbeit umgingen. Ausgenommen die Schweden damals, die extrem individualistisch waren, sich nicht leicht integrierten, aber eine Aufgabe mit guten Ergebnissen beenden konnten. All die anderen internationalen „Gastarbeiter" waren Allround- Männer, die ihr Gleichgewicht trotz ziemlich chaotischer Verhältnisse bei uns behielten. Für sie war übrigens der Mangel an Sprachkenntnissen bei unseren leitenden Männern eine große Enttäuschung.

Die Umstände veranlassten mich, ernsthaft eine Ausreise aus Israel in Erwägung zu ziehen. Ein entscheidender Faktor war, dass mein guter Freund Kurt Seidel, der mit mir in China und Israel gearbeitet hatte, beschloss, Israel zu verlassen und nach Australien zu gehen. Er war einer der Vielen, die aus Israel ausreisten, weil sie frustriert waren vom Mangel an beruflichen Aufstiegsmöglichkeiten. Kurt wusste allerdings, dass er Schwierigkeiten haben würde, mit seiner schon diagnostizierten Tuberkulose nach Australien zu gehen. Er fand einen sehr guten Freund, der sich in der Gesundheitsabteilung als Kurt ausgab und die Gesundheitsprüfung für ihn bestand. Nur durch diesen freundschaftlichen Betrug war es möglich, dass Kurt zur südlichen Halbkugel aufbrechen konnte.

Ich könnte viele solcher Fälle erzählen. Allen Platt zum Beispiel war in Polen geboren und nach Israel eingewandert. Auch er arbeitete für EL AL als Pilot in der Luftfrachtabteilung. Allen wanderte von Israel in die Vereinigten Staaten aus und arbeitete bis zu seinem Ruhestand als Pilot. Da er fließend Arabisch sprach, flog er oft in arabische Länder und erzählte mir, er halte oft seinen Atem an und hoffe, dass er innerhalb eines feindlichen Staates nie als Jude entdeckt würde. Allen sagte mir, mit seinem Herzen bleibe er immer in Israel. Seine Schwester wohnt in Israel und seine Tochter ist befreundet mit meiner Tochter.

1956 wurde ich im Alter von 31 Jahren zum ersten Mal Vater. Wir bekamen eine Tochter, die wir nach meiner Mutter Sylvia nannten. Gisela war 25 Jahre alt und gebar sie in einem Krankenhaus in Kfar-Saba. Wir brachten unsere Tochter nach Hause in unsere kleine Wohnung in Ramat-Itzchak. Sylvie liebte es von uns in den Armen gehalten zu werden. Wir verwöhnten sie mit dem Resultat, dass wir in den Nächten nicht viel schlafen konnten. Damals gab es in Israel keine automatischen Waschmaschinen und natürlich keine Wegwerf-Windeln. Die Aufgabe, Windeln zu waschen, fiel mir zu. Gisela genoss ihr Leben als Ganztagsmutter, stillte unsere hübsche Tochter mit der Brust, und wir sangen beide Lieder, um sie zu unterhalten und drückten so unsere Freude als junge Eltern aus.

Zu Beginn des Jahres 1957 trafen wir dann die bedeutsame Entscheidung, nach Deutschland aufzubrechen. Ich glaubte, der Wechsel würde leicht sein. Wie Unrecht ich hatte! Die erste Aufgabe dieses „Geschäfts" war, unsere Wohnung in Israel zu verkaufen, was sich erwies als eine der leichtesten Umzugsaktivitäten erwies. Wir bereiteten den Umzug so vor, dass ich voranreisen und eine

Art „Brückenkopf" in Deutschland aufbauen sollte. Vor allem sollte ich eine gute Unterkunft einrichten, dann würden Gisela und Sylvie folgen.

Mit dem Geld, das ich aus dem Verkauf der Wohnung in Israel erlöste, wollte ich eine Wohnung in Frankfurt mieten, die vollständig möbliert war. Und es gelang: In dieser Wohnung mit Wohnzimmer, Küche, Badezimmer, Schlafzimmer und Balkon herrschte eine warme und freundliche Atmosphäre. Die Wohnung war natürlich mit einem Kühlschrank ausgestattet, mit einem Bett, Möbeln, Vorhängen und Teppichen eingerichtet. Es war alles vorhanden. Der Mann von dem ich die Wohnung übernahm, war ein rumänischer Jude und von Beruf Teppichhändler. Er war auf dem Weg in die Vereinigten Staaten, um dort sein Glück zu versuchen. Schon drei Monate später kam er jedoch zurück und bot mir 2000 Mark mehr als ich ihm bezahlt hatte, um seine Wohnung zurück zu bekommen. Aber wir hatten uns schon eingewöhnt, ein Zurück war unmöglich. Die Böhmer Straße in Frankfurt war eine gute Adresse, sicher, sauber und gut gelegen. Man konnte von dort alle Bahnen und öffentlichen Einrichtungen der Großstadt Frankfurt am Main bequem erreichen.

Lebensunterhalt als Unternehmer

Ich hatte Frankfurt gewählt, weil ich fälschlich annahm, bei dem großen Flughafen keine Probleme zu haben, einen guten Job zu finden. Man bot mir aber nur eine Arbeit mit 400 DM im Monat an. Da hätte ich in Israel mehr verdienen können. Ich schrieb sogar einen Brief an die Firma Messerschmidt in Augsburg, aber ich denke, sie konnten nicht glauben, dass ein Israeli bei ihnen arbeiten wolle. Schließlich bekam ich nach drei Monaten einen Brief, der besagte, sie hätten mir früher Arbeit angeboten, und da ich nie geantwortet hätte, könnten sie mich nun leider nicht mehr gebrauchen. Das klang mir alles sehr seltsam! So gab ich die Hoffnung auf, Arbeit in der Flugzeugindustrie zu finden.

Aber was nun? Wie sollte ich unseren Lebensunterhalt verdienen? Wie konnte ich für meine Familie sorgen? Ich war immer ein Selfmade-Man gewesen, ein „natürlicher Unternehmer", und beschloss, allein ins Geschäft zu kommen.

Die Amerikaner waren damals mit Hunderttausenden von Soldaten und ihren Angehörigen in Deutschland und Europa präsent. Ich ging zum US-amerikanischen Militärhauptquartier im Frankfurter IG-Farben-Gebäude und bewarb mich um die Erlaubnis, Waren auf ihren Märkten zu verkaufen, die ab und zu auf ihrer Basis in Frankfurt und an anderen Orten abgehalten wurden. Das Geschäft sprang langsam an, aber nach einer gewissen Frist wurde es wirklich einträglich. Ich verbrachte allerdings einen guten Teil meiner Zeit weit weg von zu Hause, denn ich konnte in diesem Geschäft mehr Geld verdienen, wenn ich alle Waren selbst in den verschiedenen Herkunftsländern kaufte: Uhren in der Schweiz, Gold in Italien, asiatische Erzeugnisse in Holland, Diamanten in Belgien usw. und sie dann nach Deutschland transportierte. Ich machte den „ganzen Job" allein, kaufte die Waren, bezahlte die nötigen Importzölle, fügte die Materialien zusammen, baute die Verkaufstische auf den verschiedenen Märkten auf, verkaufte die Waren. Ich habe nach meinen finanziellen Möglichkeiten sogar Kurzzeit-Finanzierung für die Kunden angeboten, die sofort kaufen wollten. Es war oft mehr als ein 12-Stunden-Arbeitstag. Alles lief glänzend, bis die US-Regierung während der Kennedy-Administration die Wende einläutete, wonach nur noch amerikanische Waren eingekauft werden durften. Alle Konzessionen von Europäern wurden gekündigt, und die Amerikaner wurden also gezwungen, nur noch Waren zu kaufen, die in den USA hergestellt worden waren.

Während dieser Zeit wurde unser zweites Kind, ein Sohn, im Frankfurter Heilig-Geist-Krankenhaus geboren. Wir nannten ihn Benni nach meinem Vater, der von den Nazis im Jahre 1942 im Konzentrationslager Mauthausen ermordet worden war. Wir brachten Benni in unsere schöne Wohnung in der Böhmer-Straße, wo er das Kinderzimmer mit Sylvie teilte. Damals ging mir viel von der Zeit für meine Kinder verloren, weil ich eine sehr anspruchsvolle, zeitaufwändige Arbeit hatte.

Zum Glück musste Gisela während der ersten Kinderjahre nicht arbeiten und konnte den Kindern viel Zuwendung und Liebe geben und sich um sie kümmern. Erst als die Kinder schon in der Schule waren, sah sie sich nach einer Arbeit außerhalb des Hauses um. Dann erst konnte sie eine Berufsrichtung einschlagen, die sie immer fasziniert hatte: Medizin. Gisela lernte an einer privaten Schule für Erwachsene, der Löbelschule in Wiesbaden, und qualifizierte sich dort zur medizinischen Assistentin. Jahrelang reiste sie von Frankfurt nach Wiesbaden hin und her, kümmerte sich um die Wohnung und die Kinder und besorgte ihre Hausarbeit. In unseren ersten Jahren in Deutschland musste sie auch noch Deutsch lernen. Sie wurde für diese harte Zeit belohnt, denn nun konnte sie mit dem Abschlussexamen als Arzthelferin in Deutschland arbeiten. Ich will hier erwähnen, dass meine Frau in guten und in schlechten Zeiten, in sorgenvoller Zeit und bei Zerwürfnissen eine ständige Quelle der Stärke und des Zusammenhalts war. Gisela war immer das Zentrum meines Lebens und ebenso ein beständiges und wegweisendes Licht für unsere Kinder.

Ich sah den Wechsel der amerikanischen Politik zum „Kauft Amerikanisch"-Programm als den richtigen Zeitpunkt, mich auf „grünere Weiden" zu begeben. Ich beschloss eine Espressobar in Frankfurt-Sachsenhausen aufzumachen, in welche die Leute auf der anderen Seite des Mains gehen sollten, um sich zu entspannen und zu amüsieren. Das Lokal sollte eine orientalisch, europäisch - mittelöstliche Mischung sein. Ich bot Falafel und Hummus an, den ich selbst herstellte. Ich stellte auch meinen eigenen Ketchup her, meine eigenen Hamburger und verbrachte dafür einige Zeit im Schlachthof. Dazu bot ich Cocktails, Kaffee, Tee, Flaschenbier und sogar Eiskrem an.

Als ich zum Schlachthof kam, dachten sie, ich sei Metzger, weil ich die tierischen Körperteile kannte und vertraut war mit den Begriffen, die die Metzger benutzen. Erstaunlicherweise wurden einige der Tierkörperteile mit ihrem hebräischen Namen bezeichnet. Denn vor dem Krieg waren viele Viehhändler Juden, und es gibt eine faszinierende Beziehung zwischen Schlachthausbegriffen auf Deutsch und Hebräisch: Wenn die Metzger Preise miteinander verhandelten, benutzten sie häufig hebräische Wörter. Ein Tierkopf wird hebräisch als „Rosch"–Kopf bezeichnet. Auch im Frankfurter Dialekt stammen viele Wörter von hebräischen Begriffen ab. Zum Beispiel ist „meine Ische" ein respektloser Begriff für eine Freundin. Eine Frau heißt hebräisch „Ischa". In der Frankfurter Umgangssprache bedeutet „Schmiere stehen", bei einem illegalen oder dunklen Geschäft aufzupassen. Auf Hebräisch bedeutet „Schmira" Wache stehen in einem gesetzestreuen und normalen Zusammenhang. „Masal Glück" im Frankfurter Dialekt bedeutet „Viel Glück", und das Gleiche wie das Hebräische „Masal". Die Frankfurter sagen zu einem Dieb „Ganove", hebräisch ist es nahezu das Gleiche: „Ganaf". Der wichtigste Begriff in einem Schlachthaus ist allerdings „Katzew" und beschreibt eine Person, die in einem Schlachthaus arbeitet, hat also genau die gleiche Bedeutung wie „Katzav" auf Hebräisch. Ich hatte eine große Zeit, da man mir als Insider und vermeintlichem „Katzew" die besten Preise machte.

Als Epilog zu meinen Aktivitäten im Metzger-Geschäft gehört folgende Geschichte. Ich brachte oft große Mengen Fleisch nach Hause, kaufte genug für einen Monat und für die ganze Familie, und wenn ich diese Juwelen meiner Anstrengungen auf den Tisch stapelte, Nieren, Leber, Hirn, Steaks, freute ich mich, „wie wunderbar" und welche guten Mahlzeiten wir vor uns hätten. Meine Tochter Sylvie erzählte mir später, all dieses Getue um Fleisch habe sie wohl gegen das „Essen von Tieren" aufgebracht, sie ist heute völlige Vegetarierin. Welche Drehungen und Wendungen des Lebens!

Menschen in großer Vielfalt und vieler Nationalitäten besuchten mein Lokal. Araber kamen und baten um Hilfe, und ich begleitete sogar einige von ihnen zur Polizei, um ihnen bei ihrer Registrierung zu helfen. Als es einmal einem Beamten auffiel, dass ich Jude bin, fragte er mich, wie es komme, dass ich einem Araber helfe. Ich habe ihm gesagt: „ Es ist besser, dass er in Deutschland lebt, statt in Israel." Ich führte die Espressobar zehn Jahre lang, dann machte ich etwas anderes. Meine Frau beklagte nämlich immer mehr, dass ich nie zu Hause bei den Kindern und bei ihr war, denn ich kam immer spät abends von der Arbeit nach Hause, schlief bis 10 Uhr vormittags und war dann wieder weg. Ich hatte nicht viel Familienleben. Das glich dem Leben, das ich vorher als Konzessionär des US-Militärs führte.

Schließlich begann ich - ein bisschen spät, aber besser spät als nie - an eine „Pension" im Alter zu denken. Bis 1972 hatte ich kein Geld in die deutsche Pensionskasse eingezahlt. Glücklicherweise durfte ich Beiträge für 10 Jahre nachzahlen, damit ich diese Arbeitsjahre angerechnet bekam. Es gab eine Übereinkunft zwischen Deutschland und Israel, die Zeit gegenseitig anzuerkennen, in der eine Person in eines der Pensionssysteme beider Länder eingezahlt hatte. Für mich bedeutete das, dass einige Arbeitsjahre in Israel zur Berechnung der Pensionszahlung in Deutschland hinzugezählt wurden. Natürlich berücksichtigten die Deutschen nur die Arbeitszeiten, nicht die Beitragszahlungen, die ich in Israel geleistet hatte. So begann ich im Alter von 47 Jahren, als ich endlich eine „echte Arbeitsstelle" als Angestellter fand, Beiträge für meinen endgültigen Ruhestand einzuzahlen.

Ein regulärer Angestellter

In der „Wirtschaftsgenossenschaft der Ärzte" wartete 1974 eine neue große Wende auf mich. Ich bewarb mich um die Arbeit und bekam die Aufgabe, komplette medizinische Labors zu planen, zusammenzufügen und auszuliefern. Das schloss nicht nur die Möbel und Tische ein, sondern ebenso die ganze High-Tech-Maschinerie in einer Genossenschaft, die im lockeren Verbund ein Vermögen umsetzte. Es war eine zentrale Gemeinschaft von Medizinern. Das Leben als regulärer Angestellter öffnete mir sehr die Augen: Ich musste mich daran gewöhnen, nicht mein eigener Chef zu sein. Ich musste wieder ganz neu anfangen, zu festen Stunden arbeiten, mit einem festen Einkommen, jeden Tag mit den gleichen Leuten arbeiten. Das waren unangenehme Umstände für mich, mit all meinen Ideen - welch ein Gefühl der Leere!

Aber ich hatte zwei heranwachsende, aktive und engagierte Kinder zu Hause zu ernähren. Kluge, intelligente Kinder, beide völlig integriert in die deutsche Kultur und Gesellschaft. Sie kamen im deutschen Schulsystem in Frankfurt voran und wurden in Gymnasien aufgenommen. Sylvie war ein Kind ohne Probleme. Als Bestätigung für ihre diplomatische Geschicklichkeit und ihren Führungsgeist wurde sie zur Schulsprecherin gewählt. Sie überraschte uns schließlich mit der Bitte um eine Reise nach Israel als Abschlussgeschenk für ihr bestandenes Abitur. Als wir damit einverstanden waren, konnten wir nicht ahnen, dass sie nie wieder richtig nach Deutschland zurückkommen würde.

Während Sylvie aufwuchs, hatten Gisela und ich unsere Liebe und unsere Leidenschaft für Israel immer in den Herzen und Köpfen lebendig gehalten, auch in denen unserer Kinder. Wir sangen Lieder für sie und erzählten ihnen von der Tapferkeit in den Zeiten des Unabhängigkeitskrieges. Wir gaben ihnen Geschichtsunterricht, feierten jüdische Feiertage und nahmen sie zu besonderen jüdischen Feiern und Festen zu Freunden mit. Wir waren daher sehr zufrieden und es gefiel uns, dass Sylvie uns um diese Reise nach Israel gebeten hatte. Aber wir waren völlig unvorbereitet, als sie bei einer kurzen Rückkehr nach Deutschland ankündigte: „Ich bin nur hier in Frankfurt, um meine Sachen abzuholen. Ich möchte nach Israel zurückkehren, studieren, um Lehrerin zu werden und dort mein ganzes Leben bleiben." So war es beschlossen, dass Sylvie zurück nach Israel reiste. Ganz abgesehen von den Umständen, dass sie in Deutschland in ihrer Muttersprache und ohne Studiengebühren hätte studieren können. In Israel musste sie erst einmal Hebräisch studieren und um die Beherrschung dieser Sprache ringen. Und wir mussten für das Studium und ihre Wohnung zahlen.

Trotz unserer Skepsis gegenüber unserer 19-jährigen Tochter, die das Nest verließ, freuten wir uns riesig über ihre Entscheidung, in Israel zu wohnen. In kurzer Zeit wurde Sylvie eine Hebräisch-Expertin, passte sich wie ein Fisch im Wasser ihrer neuen Umgebung an und machte ihr Lehrerexamen an einer israelischen Universität. Außerdem traf sie auf dem Weg dahin den Mann ihres Lebens, verliebte sich in einen „Sabre", einen in Israel geborenen Juden der dritten Generation. Sie heiratete und fuhr noch im achten Monat ihrer Schwangerschaft jeden Tag hoch nach Jerusalem, um ihre letzten Prüfungen abzulegen. Sylvie heiratete den gleichen Mann sogar zwei Mal. Zur zivilen Trauung kam sie nach Frankfurt in den „Römer", das Frankfurter Rathaus. Sie kehrte dann zur religiösen Zeremonie nach Israel zurück. 400 Freunde und Verwandte halfen dem jungen Ehepaar, ihren frischen Lebensbund zu feiern.

In den nächsten Jahren bekamen sie und ihr Mann Ronnie zwei hübsche Kinder: „Smardi", ein Mädchen, und einen Jungen, „Shaul". Sie bauten ein geräumiges Haus in Ramat Gan und bauten auch an ihren eigenen Berufskarrieren.

Deutsch – israelischer Schüler- und Jugendaustausch 1971

Während meiner Jahre in der Ärzte Genossenschaft hatte ich mehr freie Zeit, mir etwas zusammenzuträumen, das ich für nützlich hielt und mir viel bedeutete. Ich entwickelte die Idee eines Austauschs zwischen jungen Menschen aus Deutschland und Israel. Der Austausch von Schülern und Familien ist ein normaler Teil der Bemühungen europäischer Städte, ein globales Verständnis zu fördern, kulturelle Verbindungen auszuweiten und den Spracherwerb zu erleichtern. 1981 gab es bereits eine vertragliche Absprache zwischen Tel Aviv und Frankfurt für einen Schüleraustausch, in Israel unterschrieben von Bürgermeister Wolloch. Aber dies war in Wahrheit eher ein Absichts-Papier als ein lebendiges Programm.

Ich wollte dieses „schlummernde" Abkommen zum Leben erwecken und brachte dafür mein Engagement mit, etwas für Israel zu tun, etwas, das Wirkung zeigen sollte. Ich wollte, dass nicht nur die Jugendlichen, sondern auch ihre Familien die Gasteltern kennen lernen sollten. „Familien-Schüleraustausch" wurde dann auch zum Namen des eingetragenen Vereins. Ein Familien-Schüleraustausch zwischen Deutschland und Israel war für mich ideal. Ich hatte schon zu Beginn des Programms eine Ahnung von den Herausforderungen, die auf mich zukommen würden. Andererseits war ich wohl qualifiziert, als ein Deutscher mit deutscher Staatsangehörigkeit, als Jude und Bürger Israels, der Deutsch, Hebräisch und Englisch spricht.

Trotzdem gab es offensichtlich mehrere große Hindernisse für solch ein Programm, und mir wurden die Gründe klar, warum ein deutsch-israelischer Jugendaustausch in Frankfurt nicht schon früher praktisch vorangekommen war.

Bei einem „normalen" europäischen Austausch zwischen Partnerstädten der Stadt Frankfurt in Frankreich, Spanien, Italien und England reisten die Schüler mit dem Zug oder dem Bus ins Gastland. Zwischen Deutschland und Israel müssen die jungen Leute teure Flugpreise in Kauf nehmen. Ein weiterer wichtiger Faktor möglicher Probleme war das immer wechselhafte politische Klima in Israel; gerade noch ruhig, wurde es plötzlich turbulent. Ein unausgesprochener, aber wichtiger Punkt war sicherlich der Widerwille deutscher Familien, israelische Schüler mit dem Risiko aufzunehmen, dass sie immer wieder neugierige Fragen von den jüdischen Kindern gestellt bekämen, was ihre Familie denn während des Zweiten Weltkriegs und der Judenverfolgung getan hätte.

Die Unterschiede in der Erziehung israelischer europäischer Kinder waren ein potentielles Problem, wie sich zeigen sollte: Israelische Kinder erfreuen sich großer Freiheit, zu tun oder zu lassen, was sie wollen. Zum Beispiel, ob und wohin sie ausgehen wollen. Die deutschen Kinder haben diese Freiheit nicht, sie werden stärker auf allgemeine Normen verpflichtet. Die Israelis kommen und gehen eher, wie es ihnen gefällt, sie essen, wann sie wollen, ihre Eltern schränken sie weniger ein: Die deutschen Kinder waren begeistert über die Freiheit, die sie in Israel genossen haben. Die israelischen Kinder erlebten dagegen natürlich einen „Absturz". Sie sollten Punkt 10 Uhr zu Hause sein, sollten regelmäßig ihre Mahlzeiten einnehmen. Daran mussten sie sich erst gewöhnen, aber es hat ihnen nicht geschadet. Die deutschen Familien waren nicht an Kinder gewöhnt, die schon in so jungem Alter so weitgehend ihre Freiheit selbst ausprobieren dürfen. Und natürlich gab es auch deutsche Familien, die die Essgewohnheiten von Juden nicht kannten, zum Beispiel, dass viele Juden Milcherzeugnisse nicht mit Fleischwaren zusammen essen. Israelis essen auch große Mengen von Salaten, die mit Zitrone und Öl angerichtet werden und nicht mit Essig wie bei den Deutschen.

Mein erster Kontakt für den Schüleraustausch lief über den Mann, der im Frankfurter Amt für Fremdenverkehr für die etablierten Austauschprogramme mit anderen Ländern verantwortlich war. Dieses erste glückliche Zusammentreffen führte zur unmittelbaren Feststellung, ich sei der ideale Kandidat, ihr bereits finanziertes, aber „schlafendes" Austauschprogramm endlich zu starten. Sie waren erfreut, jemanden zu finden, der mit Eifer und Pflichtgefühl, mit den nötigen Qualifikationen und der Bereitschaft, dafür zu arbeiten, unsere beiden Völker zusammenbringen wollte. Es sollte meine Aufgabe sein, die Infrastruktur aufzubauen, eine Gruppe von Freiwilligen für die Verwaltung zu organisieren, und die finanziellen Dinge zu beaufsichtigen. Ich sollte auch der Koordinator vor Ort sein, der von Anfang bis Ende sicherstellt, dass das Programm sinnvoll ist und ein informatives Erlebnis sein würde. Aber vor allem sollten die Kinder immer in einer sicheren Umgebung bleiben.

Zu dieser Zeit war das Programm ein offiziell genehmigtes und finanziertes Städte-Austauschprogramm. Und unsere Geldmittel von der Stadt Frankfurt betrugen anfänglich jeweils 500.- DM für die deutschen und die israelischen Kinder. Das Geld für die Israelis wurde direkt nach Tel Aviv geschickt. Unsere Geldmittel wurden immer bis zum letzten Pfennig genutzt. Mit einem ansehnlichen Teil der 500 DM der deutschen Teilnehmer wurden die Flugkosten zwischen Frankfurt und Tel Aviv bezahlt. Mit dem Rest wurden die Tagestouren in Israel finanziert. Die deutschen Eltern zahlten weitere 500 DM Taschengeld für ihre Kinder. In späteren Jahren mussten die Eltern allerdings mehr bezahlen, weil die Stadt Frankfurt ihren Beitrag auf 150 DM zurückstutzte. Ich wurde ein Mini-Finanz-Zauberer, als ich mit beschränkten Geldmitteln versuchte, möglichst vielen Schülern bestmögliche Programme zu bieten.

Alle Preise wurden in Israel in US-Dollar notiert, deshalb waren wir sehr von dem immer fluktuierenden, unvorhersagbaren Wechselkurs abhängig. Ich musste jedoch im Voraus Reisebus-Absprachen machen und Flugreservierungen vornehmen. Ich bekam das angezahlte Geld deshalb erst viel später zurück, nachdem die Umtauschkurse entweder hoch- oder runtergegangen waren. Manchmal kamen wir nach Israel und waren mit unserem Budget schon auf dem Tiefpunkt. Manchmal hatten wir so wenig Geld übrig, dass wir zum Beispiel keinen Halt bei einem Restaurant einlegen konnten, um zu Mittag zu essen. Dann schmierten Gisela und ich in der Nacht Sandwichs für die Jugendlichen. Und um Geld zu sparen, holte ich kistenweise Getränke im Großhandel. In der Absicht, Plätze für alle Austauschkinder zu sichern, reservierte ich Sitzplätze weit vor unserem Abflugtermin, denn die Austauschprogramme lagen in den Schulferien, das bedeutete Hochsaison, hohe Preise und nur eine begrenzte Zahl von Plätzen. Die Fluggesellschaften übten immer wieder Druck auf mich aus, ihnen die Namen der Passagiere mitzuteilen. Das war ohne Zweifel eine IATA-Vorschrift und eine nachdrückliche Bitte, der man sich fügen sollte, aber ich hatte oft erst in letzter Minute eine vollständige Teilnehmerliste. Denn die Eltern wollten schließlich abwarten und sehen, wie die politische Situation in Israel ist, bevor sie ihre Kinder für das Austauschprogramm fest anmeldeten. Ich selbst trug ständig ein finanzielles Risiko, weil ich bereits lange vor dem Abflugdatum für eine feste Anzahl von Sitzen gerade stehen musste. Sollte irgend jemand nicht erscheinen, müsste ich für den „No-Show-Passagier" haften. Auch die Stadt Frankfurt „saß mir im Nacken". Wegen ihrer Vorschriften weigerte sie sich, Geld für die Austausch-Gruppe zu geben, bevor ich eine vollständige Teilnehmerliste vorweisen konnte, einschließlich der Adressen und anderen Details.

Wie man sich vorstellen kann, musste ich Geldmittel aus meiner eigenen Tasche vorstrecken, um die Reisen in der Hoffnung zu sichern, dass alle Schüler erscheinen würden. Die Gelder der Stadt und von den Eltern trafen oftmals erst nach unserer Abreise ein. Es war mein Ziel, mit begrenzten Mitteln das bestmögliche Programm zu arrangieren. Bei der Miete von Bussen oder dem Bestellen eines Reiseführers mogelte ich mich an den Reiseagenturen mit ihren Aufschlägen vorbei und machte Verträge direkt mit den Anbietern unter meinem eigenen Namen. Auch das war ein persönliches Risiko, aber auch die Gelegenheit, die besten Konditionen zu erhalten.

Unser Programm hatte die begeisterte und beständige Unterstützung der Stadt Tel Aviv. Sie arrangierte zur Begrüßung offizielle Empfänge durch den Bürgermeister. Sie organisierte den Besuch von Schulen und bot Besichtigungstouren rund um Tel Aviv an. Wir konnten diese Aktivitäten durch unsere eigenen Busreisen nach Jerusalem, an die heiligen Orte und den See Genezareth ergänzen und machten auch Reisen nach Haifa, Caesarea und Akko. Ein ganz besonderes Ereignis für die Jugendlichen waren unsere Besuche am Toten Meer, wo sie sich auch damit vergnügten, beim Schwimmen auf dem Salzwasser Zeitung zu lesen.

Es war nicht ungewöhnlich, dass mich lange nach einem Austausch Eltern oder Schülern baten, einen weiteren Besuch in Israel zu arrangieren. Er sollte mit einem längeren Besuch im Kibbuz verbunden sein. Ich organisierte daher parallele Reisen zu meinem normalen Austauschprogramm, um diese besonderen Wünsche zu berücksichtigen. Doch diese Programme konnten zu organisatorischen Alpträumen werden, besonders dann, wenn ich gemeinsame Reisen koordinieren wollte. Denn die jungen Leute mussten aus ihren Kibbuzim abgeholt werden, damit sie an unseren Busreisen teilnehmen konnten. Die Schwierigkeiten wurden kleiner, wenn es gelang, die jungen Gäste in Kibbuzim in der Nähe von Tel Aviv unterzubringen.

Während der 25 Jahre meiner Austauscharbeit konnten Hunderte von Deutschen die Geschichte unseres Kampfes kennenlernen; diese Möglichkeit hätten sie sonst nicht gehabt. Wir besprachen und diskutierten unser politisches Dilemma auf einer persönlichen Grundlage. Ich spielte eine kleine, aber wichtige Rolle indem ich um ein besseres Verständnis und die Liebe für den Staat Israel warb. Idealerweise kommt Wissen vom Lernen und aus Wissen oder Kennen entsteht Toleranz und Toleranz kann zur Liebe führen. Beim Austausch hatten wir viel Spaß und erlitten keine größeren Unfälle. Die Kinder gingen freundschaftlich miteinander um, obwohl sie Englisch miteinander sprechen mussten. So wurden Grundlagen für lange Freundschaften zwischen den Schülern und ihren Familien gelegt, und diese Bemühungen tragen viele Jahre nach dem ersten Austausch noch Früchte.

Ich möchte denen besonders danken, die mich bei dieser Arbeit unterstützten. Meine Frau Gisela war ein unersetzlicher Gefährte und eine wichtige Mitarbeiterin bei diesen Anstrengungen. Ohne ihr Engagement wäre ich nicht so erfolgreich gewesen. Wir hatten einen ausgezeichneten Elternrat, dazu kam Joachim Fischer, ein Richter, der die Finanzverantwortung übernahm. Jürgen Gandela, Journalist beim Hessischen Rundfunk, half bei der Öffentlichkeitsarbeit. Hiltrud Gniese arbeitete unermüdlich als Sekretärin und Verwalterin, und Herr Passmann engagierte sich für alle Arten von Aufgaben. Später kam die Familie Lairo dazu, deren Tochter in einer unserer Gruppen mitreiste. Neben der vielen Arbeit wurden wir gute Freunde, und ich möchte mich bei ihnen bedanken für die Hilfe über all diese Jahre.

Deutschland erwies mir eine große Ehre. Am 7. November 1996 wurde mir im Limpurgsaal des historischen Frankfurter Rathauses eine der höchsten Anerkennungen zuteil, die das Land einem seiner Bürger geben kann: das Bundesverdienstkreuz. Die Urkunde wurde am 30. Mai 1996 vom deutschen Bundespräsidenten Roman Herzog signiert, in Anerkennung der Arbeit, die ich im Namen der Verständigung zwischen Deutschland und Israel geleistet habe.

Bei der Auflösung der „Wirtschaftsgenossenschaft der Ärzte" war ich 62 Jahre alt. Ich machte das Beste aus den zehn Jahren Arbeit in der Genossenschaft, sie gab mir auch die Gelegenheit, für das Gemeinwohl zu arbeiten. Ich konnte mein tägliches Arbeitsleben mit meinem „Austausch-Hobby" vereinbaren. Meine Berufsarbeit steuerte positive Aspekte bei, einer davon war, dass mir meine Kollegen oft bei meiner Austausch-Arbeit halfen und Büroarbeiten übernahmen. Sie schrieben Teilnehmerlisten und bereiteten Briefe vor, die an die verschiedensten Leute geschickt werden mussten. Der normale Job von 9 – 15 Uhr hatte noch den anderen Vorteil, dass ich Beiträge zur deutschen Rentenversicherung leisten konnte. Wenn man die Arbeitsjahre aus Israel und ein paar Jahre unter dem Naziregime zusammenrechnete, bekam ich eine finanzielle Grundlage für meinen Ruhestand. Rückblickend kann ich feststellen, dass diese Jahre in der „Wirtschaftsgenossenschaft der Ärzte" erfolgreich für mich waren.

7. Wiedersehen mit Schanghai 1989

Nach China

Im Frühling 1989 stiegen Gisela und ich voller Erwartung und mit mehr als nur einigen Vorbehalten in ein Flugzeug nach Schanghai. Ich hatte zu dieser Zeit noch nichts von der Katastrophe auf dem Tianmen Platz gehört, aber am Ende unserer Reise nach China war ich auch mit diesem historischen Ereignis vertraut. Als ich China im Jahre 1946 verlassen hatte, war ich ein fleißiger, immer noch junger, mittelloser Jude und hatte viel durch mein Leben auf der Straße gelernt. Immer war ich auf der Suche nach meiner Heimat und auf der Suche nach mir. Und ich kam im Jahre 1989 im Alter von 64 Jahren als Rentner zurück, als geehrter Gast der Schanghaier Stadtverwaltung. Welch ein Unterschied!

Wir stiegen in Belgrad um und begannen unseren 18-stündigen Flug nach Peking. Während die Stunden auf dieser langen Strecke verrannen, machte ich die Bekanntschaft mit einer Gruppe von chinesischen Ingenieuren aus Schanghai. Sie waren in Deutschland, um eine ganze Fabrik zu demontieren und nach China zu schicken, wie ich später erfuhr. Die Gruppenleiterin, Frau Zhow Xeume, war fasziniert, als sie hörte, dass ich den Schanghaier Dialekt sprechen konnte, den ich vor vielen Jahren dort gelernt hatte. Die ganze Gruppe freundete sich mit mir an, versammelte sich um mich mit lautem Lachen, es wurden Geschichten erzählt. Frau Xeume und ich führten lange und intensive Gespräche, und auf dieser Flugreise lernten wir eine Menge über die jeweils anderen Lebenszusammenhänge. Sie stammte aus Schanghai und war mit einem Maschinenbauingenieur aus Peking verheiratet. Unsere Freundschaft wurde später auf vielerlei Art und Weise erneuert, eine Gelegenheit dazu bot unsere Reise nach Peking.

Zum 1. Mal in Peking

Der Flug nach China versetzte mich übrigens körperlich und geistig in eine andere Zeit. Es war, als sei ich in einer Zeitkapsel, die in der Geschichte zurückreiste zu einem anderen Lebensabschnitt. Ich kann mir mein Hochgefühl nicht anders erklären, als dass ich es wirklich so empfand, als flöge ich nach Hause.

Wir beschlossen, das liebenswürdige Angebot von Frau Xeume anzunehmen, uns dort während des zweiwöchigen Aufenthalts durch Peking zu führen. Glücklicherweise hatte ich während meiner Arbeit mit dem Magistrat von Frankfurt am Main den Vertreter einer chinesischen Ölgesellschaft kennen gelernt und mich mit ihm angefreundet. Herr Kang Quiang war nach Frankfurt geschickt worden, um dort ihre Interessen zu vertreten. Die Gesellschaft von Herrn Qiang hat Büros in jeder Stadt und Großstadt von China, und er war uns behilflich, für unseren Aufenthalt eine ausgezeichnete Hotelunterkunft zu finden.

Durch diese und andere Kontakte konnte ich auch eine Gruppe Israelis kennen lernen und begleiten, eine Gruppe außergewöhnlicher Touristen: Israelische prominente Persönlichkeiten, ehemalige Emigranten, die genau so wie ich ihre Vergangenheit suchten, Freundschaften erneuern und Orte besuchen wollten, die sie seit der Zeit vor, während oder nach dem Zweiten Weltkrieg nicht mehr gesehen hatten. In dieser Gruppe waren Leute wie der frühere israelische Botschafter bei den Vereinten Nationen, Mr.Takoa, auch mehrere Journalisten gehörten dazu. Wir waren froh, dass wir uns dieser Gruppe anschließen konnten, denn sie hatte einen ausgezeichneten chinesischen Stadtführer. Wir besuchten alle wichtigen und interessanten Stadtteile. Der chinesische Führer und ich kamen in der Tat so gut miteinander aus, dass er Gisela und mich mitnahm zu mehreren besonderen Orten, die normalerweise „gewöhnliche" Touristen nicht kennen lernen. Ein Ereignis an das ich mich besonders erinnere, war eine türkisch-chinesische Freundschaftsnacht in einem ausgezeichneten Hotel, wo wir bestens unterhalten wurden und das allerbeste Essen erhielten, das die Türkei bieten konnte.

Wieder in Schanghai

Zu schnell vergingen unsere vierzehn Tage in Peking und schon waren wir mit dem Zug unterwegs in meine „Heimatstadt" Schanghai. Frau Xeume hatte uns 1. Klasse Schlafwagenplätze für die 18-stündige Reise von Peking nach Schanghai reserviert. Dabei hatten wir wieder viel Glück, denn wir erfuhren bald, dass in China eine Zugfahrkarte besonders begehrt ist. Die Züge sind das wichtigste Transportmittel in China und werden oft Monate im voraus fest gebucht. Hätten wir die Hilfe von Frau Xeume für diese interessante Zugreise nicht gehabt, wären wir gezwungen gewesen, einen schnelleren, aber sehr viel teureren Flug zu bezahlen.

Jeder hat seine Geschichten, und ich höre zumindest mit einem Ohr immer zu. In unserem Abteil trafen wir ein rumänisches Ehepaar auf Touristenausflug nach China. Er war Ingenieur, angestellt bei der rumänischen Bahn und auch ein einfallsreicher Erfinder. Er hatte einen Preis für eine seiner jüngsten Erfindungen bekommen und nutzte das Geld für die Reise mit seiner Frau nach China. Gisela, die ja fließend rumänisch spricht, verwickelte sie in ein lebhaftes Gespräch, auch wenn es bei ihnen ein wenig Zurückhaltung gab, zuviel über ihre Arbeit oder ihr Leben zu enthüllen, denn Rumänien war zu dieser Zeit noch kommunistisch. Ich unterhielt mich auf Deutsch und Englisch, aber am meisten faszinierte sie, dass ich gut Chinesisch sprechen konnte.

Der Speisewagen schien mir Meilen weit von unserem Abteil entfernt zu sein und lange Schlangen von hungrigen und drängelnden Passagieren warteten auf einen Tisch. Aber wir hatten wieder einmal Glück: Das Zugpersonal, das seine Zentrale in Schanghai hatte, hörte bald, dass ich Chinesisch mit einem Schanghai-Dialekt sprach und war verblüfft. Ein Ausländer, der ihre Muttersprache sprach! Ich war für sie wie der Mann vom Mars, fremd und etwas Besonderes. Sie beschlossen, mich wie einen König zu behandeln, bestanden darauf, uns unsere Mahlzeiten in unser Abteil zu bringen und für die Rumänen natürlich gleich mit, so dass unsere Fahrt ein reines Vergnügen und sehr komfortabel war. Das rumänische Ehepaar hatte erwartet, dass es am Schanghaier Bahnhof abgeholt würde, doch dazu kam es aus irgendeinem Grund nicht. So nahmen sie gern mein Angebot an, ihnen bei der Hotelsuche zu helfen und vom Hotel aus Kontakt mit ihren ausgebliebenen Gastgebern herzustellen.

Ich rief ein Taxi, das von einem mürrischen Fahrer betrieben wurde. Das Taxi wirkte eigentlich mit seinen hölzernen Bretterbänken auf jeder Seite des hinteren Abteils eher wie ein Polizei Einsatzwagen. Der Taxifahrer wurde von seiner Frau und seinem Kind begleitet, und als unsere Blicke auf das Kind fielen, sagte es zu seinen Eltern: „Seht euch diese weißen Teufel an." Im Schanghaier Chinesisch sagte ich: „Weiße Leute sind gar nicht so schlecht." Als der Taxifahrer hörte, dass ich chinesisch sprach, wurde er sehr freundlich, brachte unsere Taschen in das Hotel und lehnte sogar ein Trinkgeld ab.

Unser „Schanghai-Beauty-Hotel" war glänzend, geräumig und vornehm, es bot die allerbeste Küche, elegante Innenarchitektur, geräumige Marmorbadezimmer, breite Korridore, tadellos gekleidete und freundliche Angestellte. Kann man sich meine Gefühle vorstellen, nach diesen armseligen Jugendjahren in Schanghai nun der Aufenthalt in solch einer Umgebung, leicht mit jedem europäischen Fünfsterne-Luxushotel vergleichbar? Das Hotel lag neben einer Brücke, die in meinen früheren Tagen in Schanghai „Guard Brücke" genannt wurde, jetzt war sie umbenannt in Eiserne Brücke. Immer wenn ich aus dem Hotel ging, hielt ich ein wenig an und starrte auf die Brücke, als ob ich die Erinnerung an die schottischen Soldaten zurückrufen wollte, die Tag und Nacht Wache auf dieser Brücke hielten und immer hin und her marschierten. Auf mich als jungen Mann hatten diese aufrechten, disziplinierten Soldaten eine große Faszination ausgeübt. Als in Folge der japanischen Besatzung alle internationalen Siedlungen beseitigt wurden, war dieser Stadtteil in den strengen Tagen des Zweiten Weltkriegs voller japanischer Soldaten. Das heutige Schanghai-Beauty-Hotel hieß „Broadway-Mansion" und war das Hauptquartier der japanischen Armee in Schanghai.

Durch einen Kontakt, den die Stadt Frankfurt für mich herstellte, konnte ich mich mit der Schanghaier Stadtverwaltung in Verbindung setzen, die in der Nanking Road saß. Dort traf ich einen sehr kompetenten und weitherzigen Mann, der die Öffentlichkeitsarbeit der Stadt leitete. Wir fanden sofort die gleiche Wellenlänge. Er stellte uns seiner Frau vor, und wir vier besichtigten die historische Stätte von Zuchu. Wir halten den Kontakt zu ihm immer noch aufrecht. Ich schickte ihm zum Beispiel Wörterbücher und englische Sprachbücher, die er sich wünschte, um seine englischen Sprachkenntnisse zu verbessern. Die Stadt Schanghai arrangierte für mich Treffen mit mehreren Leitern der Schanghaier Stadtverwaltung, darunter der Chef der Auslandsbeziehungen im Club der Schanghaier Unternehmer. Auch mit Vertretern der Modern Consulting Inc. wurden Gespräche vereinbart. Ich sollte diese Herren am kommenden Tag im offiziellen Gästehaus der Stadt treffen, im Hong Quiao State Guest House Nr. 8. Dabei hatte ich nicht die geringste Ahnung, was sie von mir wollten. Aber ich war fast fröhlich, als ich im vorderen Foyer des Schanghai-Beauty-Hotels stand und einem großen schwarzen Mercedes mit Dienstflaggen auf den vorderen Kotflügeln zuschaute, der zum Haupteingang fuhr. Die Hintertür des Wagens wurde für uns mit großer Geste vom Portier geöffnet, und der Mann auf dem Vordersitz erklärte, wo sich dieses Gäste-Haus befand.

Im Gäste-Haus wurden wir zuerst fotografiert und unsere Personalien wurden sorgfältig aufgenommen. Wir wurden auf bequeme Sessel platziert, die in einem Halbkreis angeordnet waren, und als die höfliche Konversation in einen ernsteren Ton überging, wurde klar, dass sie etwas von mir wollten. Es schien mir, dass die Chinesen eine ausländische Finanzierungshilfe für ein großes City Parkhaus suchten und sie wollten wissen, ob ich dabei helfen könnte. Ich war überrascht darüber, dass sie ein niedriges Parkhaus mit nur zwei Stockwerken geplant hatten und riet ihnen, es solle mindestens zehnstöckig werden. Meiner Meinung nach werde Schanghai eine große Weltstadt und dabei seien Parkprobleme unvermeidlich. Die Bedingung für die Finanzierung war, sie in einer für uns seltsamen, sehr chinesischen, kommunistischen Art von Kapitalismus zu arrangieren. Das Geld sollte in das Parkhaus und in eine Schuhfabrik investiert werden. Die Schuhfabrik würde Schuhe erzeugen, und aus den Gewinnen der Schuhfabrik sollte der Finanzier die Rückzahlungen erhalten. Das erschien mir damals als sehr fremdes Finanzierungsmodell, aber ich sagte ihnen das nicht. Zurück im Hotel summte es in meinem Kopf. Lutz Witkowski, der Flüchtling aus Europa in den 30er und 40er Jahren, reist nach einem Zeitsprung von vierzig Jahren zurück in seine Vergangenheit nach Schanghai, trifft dort wichtige Leute und genießt Stätten, die damals nur wenige Touristen gesehen haben. Ich war verwirrt und auch verzückt.

Ich wollte Gisela natürlich persönlich viele Ansichten und Facetten von Schanghai zeigen, so verzichtete ich darauf, die Stadt um einen Guide zu bitten. Wir wanderten so oft wir konnten allein durch die Straßen, um meine alten, persönlichen Eindrücke aufzufrischen. Eines Tages traf ich auf der Straße einen Mann in meinem Alter, der zu mir kam und Englisch sprach. Er stellte sich als Ciao Bao vor und erzählte, er habe uns gleich als Ausländer erkannt, da es nur sehr wenige Ausländer gebe, die durch die Straßen von Schanghai wanderten. Wir luden ihn zu Kaffee und Kuchen in das Hotel ein, und er erklärte sich bereit, uns in die Viertel der Stadt zu führen, durch die ich früher gegangen war, Orte, die ich nie gefunden hätte, weil sich soviel verändert hatte. Straßennamen hatten sich geändert, eine alte Rennbahn war jetzt ein Stadtpark. Wir fanden den Ort, an dem ich mit meiner Familie gelebt hatte, und die heutigen Einwohner baten uns auf einen Tee herein: Diese Wände konnten Geschichten erzählen, und ich versuchte die alten Klänge zu hören, mir die Gerüche wieder ins Gedächtnis zu rufen, das Singen, die Stimmen der nahen Nachbarn. Ein Nachbar erinnerte sich noch an mich, erzählte, er sei als Junge zu uns gekommen und habe uns nach Brot gefragt, eine fremde und köstliche Delikatesse für ihn, als es damals nur Reis zu essen gab. Unser englischsprechender Führer war geduldig, gut informiert und sehr hilfreich. Durch seine Kenntnisse konnten wir viel von Schanghai sehen; ohne seine Hilfe wäre das nicht möglich gewesen. Er brachte uns auch zum chinesischen Staatszirkus, wo die besten Künstler aus aller Welt auftraten.

Unsere Zeit in Schanghai ging schnell zu Ende. Selbst wenn wir am frühen Morgen aufstanden und bis spät in die Nacht und solange wir konnten aufblieben, war es unmöglich, alles zu sehen. Schanghai ist eine riesige und schöne Stadt, ihr Aufbau schreitet kontinuierlich voran. Ich sah keine Bettler oder hungrigen Leute in den sehr sauberen Straßen. Alle waren offen und großzügig, so wie ich das in meinen Jugendjahren von den Chinesen gewöhnt war. Ich kann den Chinesen nie genug danken, sie retteten mein Leben und ich verbrachte meine wichtigsten Entwicklungjahre unter ihnen. Es ist das größte Kompliment, das ich machen kann: Wenn ich nicht schon ein Jude gewesen wäre, wäre ich gern ein Chinese geworden! Aber die zwei Wochen in Schanghai waren vorbei und wir mussten zurück nach Peking, wo unser Rückflug startete. Das Zugpersonal war das Gleiche wie beim ersten Mal, sie erkannten uns wieder und behandelten uns mit der größten Aufmerksamkeit und dem besten Service. Mitfahrer im Zugabteil war diesmal ein Paar von der schwedischen Feuerwehr, das die Kollegen in Schanghai besucht hatte. Er war der Chef der schwedischen Feuerwehr und erwiderte den Besuch von Chinesen, die seine Organisation in Schweden besucht hatten. Auf dieser Rückfahrt nach Peking hörten viel über die Brandbekämpfung in Schweden.

Unsere letzten Tage in Peking verbrachten wir wieder mit Herrn und Frau Xeume, den Leuten, mit denen wir uns in den ersten Tagen in Peking angefreundet hatten. Diesmal führten sie uns zu den Touristenattraktionen und zu den Restaurants. Es gefiel uns so gut, dass wir sie mit etwas ganz Besonderem bewirten wollten: mit Essen im US-amerikanischen Stil von Kentucky-Fried-Chicken – mit zu langen Warteschlangen. Wir führten sie in ein Steakhaus mit sehr kleinen Steaks, wie sich leider herausstellte, aber welch ein Anblick für mich: all die Chinesen, die hier mit Messer und Gabel aßen - das war mir sehr neu. Unsere Taschen waren gepackt und wir warteten im Foyer des Hotels auf das Taxi zum Flughafen. Ich unterhielt mich mit einer Gruppe gut gekleideter Herren und erfuhr, dass es Geschäftsleute aus dem Iran waren. Sie boten Gisela und mir an, uns in ihrer Botschaftslimousine mit zum Flughafen zu nehmen. Ich nahm dankbar an. Aber natürlich sagte ich ihnen nicht, dass ich Israeli bin, sonst hätten wir es wohl nicht bis zum Flughafen geschafft. Erst als wir nach Deutschland zurück kamen, hörten wir, weshalb in Schanghai alle Straßen mit russischen und chinesischen Fahnen geschmückt waren, Michail Gorbatschow kam am nächsten Tag. Und auch ein anderes Ereignis fand an diesem Tag statt: der Aufstand auf dem Tianmen-Platz. Wir waren jedoch glücklicherweise schon vorher abgereist, sonst hätten wir eine lange Wartezeit auf dem Flughafen verbringen müssen, denn die Chinesen schlossen nach der Tianmen-Affäre alle Flughäfen für mehrere Tage.

8. Die Reise nach Breslau (1995)

Was wurde aus dem Grab meiner Mutter in Breslau?

Viele Jahre lag es mir auf der Seele: Wie sieht die letzte Ruhestätte meiner lieben Mutter heute aus? Sie war während der schrecklichen Jahre der Unruhe und Verfolgung gestorben. Ihr Grab in Breslau, inzwischen mit ihrem polnischen Namen längst „Wroclaw", war nie mit einem Gedenkstein markiert worden. Als ich im Alter von 13 Jahren Breslau verließ, machten sich die Leute mehr Sorgen darum zu überleben, als an die Toten zu denken. Es blieb einfach keine Zeit, einen Grabstein aufzustellen. Während der langen Jahre des kalten Krieges war es unmöglich, oder im besten Falle extrem schwierig, hinter den „Eisernen Vorhang" zu reisen und die Länder unter kommunistischem Regime zu besuchen. Nach dem November 1989, als die Mauer zwischen Ost- und Westdeutschland fiel, und der Osten allmählich demokratische Formen annahm, wurde es leichter, nach Osteuropa zu reisen. Ich machte Pläne für eine Reise nach Polen und hatte die Absicht, einen Grabstein auf der Ruhestätte meiner Mutter zu errichten. Im Jahr 1995 konnte ich schließlich diesen Plan in die Tat umsetzen.

Neben den damals naheliegenden Bedenken eines Juden nach Polen zu reisen, war ich noch nicht einmal sicher, ob ich das Grab meiner Mutter finden würde. Denn der einzige Bericht, den ich von ihrer Beerdigung hatte, war ein kleiner Zettel mit dem Bild ihres Grabes und einer Zahl. Ich hatte diese kleine Erinnerung mehr als 60 Jahre lang in einem kleinen Fotoalbum mit mir getragen. Es war eines der wenigen Dinge, die ich aus China mitnehmen konnte. Als die Vorbereitungen für die Abreise nach Breslau begannen, wurde ich zu Giselas Besorgnis immer nervöser. Bei mir mischten sich die Gefühle, endlich einen Traum zu erfüllen zu können und doch vielleicht davon enttäuscht zu werden, was mich im heutigen Polen erwartete, in der Stadt meiner Kindheit, der Stätte meiner Flucht aus dem damaligen Deutschland.

Wiedersehen mit Breslau

Wir verbrachten die Zeit im Nachtzug von Frankfurt nach Wroclaw in einem Abteil, das wir glücklicherweise für uns allein hatten. Nicht richtig ausgeruht, aber hellwach erreichten wir am nächsten Morgen den Bahnhof von Wroclaw. Wir schliefen unruhig in dieser Nacht und sicher waren es unsere Gefühle, die uns vorwärts trieben. Praktisch sofort fanden wir einen Platz, wo wir übernachten konnten. Ein Zimmer mit Frühstück in einer Pension, die mir von einer Frankfurter Lehrerin empfohlen worden war, die dort selbst schon übernachtet hatte. Es war ein angenehmes und wirklich preiswertes Zimmer, in dem wir die zwei Tage verbringen konnten, die wir uns für den Besuch meiner „Heimatstadt" zugestanden hatten. Nachdem wir ausgepackt hatten, machten Gisela und ich einen Spaziergang durch die Straßen der Stadt. Alles kam mir so erstaunlich bekannt vor, voll von wunderbaren und manch glücklichen Kindheitserinnerungen. Ich war zurück, mitten drin in diesen Tagen in Breslau, aufgeregt und voller Freude.

Tiefe Gefühle überfielen mich, und es war, als ob ich wieder der Junge wäre, der die Freiheit seiner Kindheit genießt. Es war eine Art Wohlgefühl, ein Gefühl der Freiheit, an dem sich nur Kinder erfreuen können, die liebevoll aufgewachsen sind. Und jetzt sah ich als alter Mann, dass diese wenigen glücklichen Jahre in Breslau mich gestärkt hatten für ein Leben, das viel Alleinsein und manchmal auch Verzweiflung enthielt. Aufgeweckt und sehr früh gingen wir am nächsten Morgen zur Wroclawer jüdischen Gemeinde, um jemanden zu finden, der uns zum Friedhof begleiten konnte, um das Grab meiner Mutter zu suchen. Es war meine Hoffnung und Erwartung, dass ich ein Gemeindemitglied finden könnte, das mit dem alten Friedhof vertraut war.

Zu meiner großen Erleichterung war jeder in der Gemeinde freundlich, hilfsbereit und meinem Plan gegenüber aufgeschlossen, auch wenn wir Jiddisch miteinander sprechen mussten. Alle waren polnische Juden, denn im Jahr 1995 waren in Wroclaw keine deutschen Juden mehr übrig geblieben. Sechs Bücher mit Aufzeichnungen über die Gräber hatten einst existiert. Wir hörten, dass drei leider im Aufruhr der 30er und 40er Jahre verloren gegangen waren. Aber zum Glück waren die restlichen drei von einer tapferen Seele gerettet und während der Verfolgungen des Krieges versteckt worden. Ein weiterer glücklicher Zufall wollte es, dass eines der drei geretteten Bücher die Registrierung des Todes meiner Mutter und ihrer Beerdigung enthielt. Mir wurde versichert, dass uns mein kleines Bild mit der Nummer sicher zu dem richtigen Ort führen würde, wo meine Mutter beerdigt war. Und auch wenn der Friedhof sehr groß sei, gebe es einen polnischen Friedhofswärter, der dort viele Jahre gearbeitet habe und jeden Quadratmeter der Anlage kenne; er würde uns helfen.

Der jüdische Friedhof in Wroclaw

Mit großen Erwartungen brachen wir drei - ein Gemeindemitglied, meine Frau und ich - zum Friedhof auf, der in einiger Entfernung in den Außenbezirken von Wroclaw liegt. Der Gemeindesekretär hatte ein Taxi bestellt. Ich war völlig unvorbereitet auf das, was ich sehen sollte. Der Anblick des Friedhofs schmerzte. Es war ein Durcheinander von Unkraut, überwachsenen, ungepflegten Bäumen und ausgefransten Hecken. Die Umschließungsmauern waren heruntergerissen und auf dem übrig gebliebenen Geröll hatten sich Moos und Unkräuter angesammelt. Noch schlechter stand es um die geschändeten, zerstörten Grabsteine, die in alle Richtungen zerstreut herumlagen. In diesem Augenblick erinnerte ich mich an den niedergeschlagenen, besorgten Blick, der sich auf dem Gesicht unseres Führers aus der Gemeinde abzeichnete, als ich ihm zuvor von meinem Plan erzählte, einen Stein auf das Grab meiner Mutter zu setzen. Er wusste, was mich erwarten würde, aber er respektierte meine Wünsche so sehr, dass er meine Hoffnungen nicht vor der Zeit dämpfen und mich warnen wollte. Meine Gefühle bekamen einen weiteren Stich, als ich sah, dass zwischen dem wuchernden Dschungel schmuddelige, schmutzige und zerfetzte Zelte standen, umgeben von leeren Bierflaschen und mit Plastiktüten und alten Papieren verunreinigt. Der Friedhof war eine Zuflucht für Obdachlose, wo wohl Drogenhandel und Alkoholismus unkontrolliert und unbemerkt stattfanden.

Ein Friedhofswärter begrüßte uns. Wieviel hatte er wohl für die Pflege des Friedhofs getan, fragte ich mich. Er war im mittleren Alter und kannte alle Winkel und alle Spalten dieses heiligen Bodens. Mit der Anleitung durch das Registrierungsbuch wanderten wir voller Vertrauen zu einer weit entfernten Ecke des riesigen Friedhofs und näherten uns dem Ort, von dem der jüdische Gemeindeführer sagte, da sei das Grab meiner Mutter. Kein Zeichen und keine Markierung gab uns irgendeinen Hinweis, und ich war sicher, dass wir den richtigen Platz nicht finden könnten. Aber unser polnischer Friedhofswärter nahm mein Bild fest in die Hand und verglich den Schatten eines Grabsteins auf dem Bild schnell mit dem eines Grabsteins, der uns direkt gegenüberstand: „Hier", sagte er, „es muss gerade vor diesem Stein hier sein." Wir schauten ungläubig auf den Platz. Wir sahen um uns herum nur Unkraut und Schmutz. Mit der Sicherheit eines australischen Ureinwohners, der mit seiner Rute Wasser in einer Wüste sucht, neigte er sich instinktiv über den Boden und begann mit seinen Händen die lockere Erde wegzuschieben. Schnell hatte er einige Zentimeter unter der Erdoberfläche einen kleinen Beton-Markierungsstein freigelegt, der den Namen meiner Mutter und das Datum ihres Todes enthielt.

Worte sind schwach, reichen nicht, sind zu leer, um die überwältigenden Gefühle zu beschreiben, die mich erfassten. Ich stand wie angewurzelt im Boden, unfähig mich zu bewegen, noch zu sprechen beim Anblick der Schrift und der Erde, die meine Mutter barg. Fünfzig Jahre waren vergangen, aber es war, als ob ich dort wieder als Kind stand und über den Tod meiner geliebten, wunderbaren Mutter trauerte. Wir drei sprachen das „Kaddisch", das jüdische Totengebet, und entzündeten zwei Kerzen. Dabei hatte ich ganz deutlich das geheimnisvolle Gefühl, meine Mutter stünde neben mir und spreche mit mir: „Bring mich weg von hier", sagte sie, „so dass wir nie wieder getrennt sein werden!" Stille lag über diesen beladenen Gehölzen, in meinem Kopf war ein Durcheinander von Gedanken und Gefühlen. Ich wollte diese schreckliche Umgebung verlassen, aber verzweifelt versuchte ich, nicht vom Grab meiner Mutter zu weichen.

Ich brach die Stille erst wieder hinten im Taxi auf unserem Weg nach Wroclaw und fragte unseren Gemeindebegleiter nach der Möglichkeit, die Überreste meiner Mutter mit der Absicht zu exhumieren, sie nach Israel zu bringen. Es werde nicht einfach sein, erklärte er mit der gleichen Freundlichkeit, die ich schon vorher an ihm wahrgenommen hatte. Viele Hürden müssten überwunden werden, einschließlich der Genehmigungen der polnischen Behörden, des Gesundheitsministeriums, des Zollamtes. Schließlich müsse die jüdische Gemeinde ihr Einverständnis geben, sie müsse bei der Exhumierung und bei den religiösen Ritualen beteiligt werden. Ich wusste, dass die Exhumierung einer Leiche aus religiöser Sicht wie eine Beerdigung behandelt wird und alle heiligen Gesetzen und Zeremonien eingehalten werden müssen. Die einfachste Bedingung schien noch der Nachweis zu sein, dass ein Grab für die Wiederbestattung existierte. Ich war sehr hoffnungsvoll, aber unser Führer war nicht einmal vorsichtig optimistisch. Er war ziemlich sicher, dass es uns wie vielen anderen Juden ergehen würde, die das versucht hatten und es mit Enttäuschung und Empörung aufgaben.

Den Rest des Tages wollten wir mit einer Stadtbesichtigung verbringen. Ich zeigte meiner Frau die Stadt meiner Kindheit und wollte einige vertraute Ausblicke aufsuchen. Aber nach dieser Friedhofsszenerie und mit all diesen Erinnerungen konnte ich mich nicht auf unseren Spaziergang konzentrieren oder ihn gar genießen. Als wir durch die Straßen von Wroclaw liefen, waren meine Gedanken immer noch auf dem Friedhof. Ich konnte nur daran denken, wie man meine Mutter hier herausholen könnte.

Die Stadt meiner Kindheit

Wir nahmen einen Bus in das Stadtviertel, in dem meine Großmutter gewohnt hatte und gingen direkt in den früheren Ohlauer Stadtgraben, die heutige Potwalstraße, dorthin, wo ihr beindruckendes elegantes graues Wohnhaus stand, an das ich mich so gut erinnerte. Leider war der Baldachin vor dem Hauseingang, die vertrauten roten Teppiche auf der Treppe zum Empfang, der gepflegte Rasen und die fröhliche Fontäne, an die ich mich aus meiner Kindheit so liebevoll erinnerte, völlig verkommen oder verschwunden. Das Gebäude war in einem sehr schlechten Zustand und nur noch ein Schatten seiner früheren eleganten Erscheinung.

Ich kam fast in Versuchung, einen verstohlenen Blick in die Fenster zu werfen, oder zu klingeln und zu fragen, ob ich mich drinnen einmal umsehen dürfe, aber ich entschied mich dagegen. Die Insassen sprachen sicher nur Polnisch und sie könnten fürchten, dass ich als ein Deutscher zurückkam und Besitzansprüche erheben wollte. Direkt neben dem Haus stand das deutsche Konsulat, die frühere Hasevilla. Sie gehörte einst einem Juden, wurde beschlagnahmt und danach zum Hauptquartier der deutschen Hitlerjugend in Breslau. Nach dem Krieg nahm dieses Gebäude das ostdeutsche Konsulat im polnischen Wroclaw auf. Als wir vorbeibummelten, kamen wir an einer langen Reihe wartender Männer und Frauen vorbei, die an der Front und der Seite des Gebäudes Schlange standen. Ich erfuhr von einem der Männer, dass sie nach einem Saisonvisum anstanden, um auf Bauernhöfen in Deutschland zu arbeiten und dort bei der Ernte zu helfen.

Hilfe im deutschen Konsulat

Unsere zweite Nacht in der Pension war alles andere als erholsam. Wie konnte ich es anstellen, meine Mutter hier herauszuholen? Wie konnte ich diese Aufgabe bewältigen? Was musste ich tun? Mein unruhiger Schlaf half in dieser Nacht kaum, meine Energien wieder aufzufrischen. Ich konnte mich nur hin und her drehen und Pläne ausdenken, die sterblichen Überreste meiner Mutter aus Polen nach Israel zu bringen. Es war eine Nacht, in der in meinem Kopf immer und immer wieder der gleiche Film vor- und zurückgespielt wurde. Plötzlich, mitten in der Nacht, es war vollständig dunkel und es war still in den Straßen vor dem Haus, setzte ich mich im Bett gerade auf und rief aus: „Ich habe eine Idee!" Da wurde Gisela natürlich auch wach. „Wir werden zum deutschen Konsulat gehen. Sie werden uns helfen." Gisela stimmte mir zu. Endlich fiel ich in einen tiefen Schlaf: „Moische mach einen Plan", träumte ich wie ein Jude, der einen Ausweg sucht. Wir blieben skeptisch, aber da uns jede Alternative fehlte, sahen wir zu, dass wir mit unserem Plan vorankamen und besuchten nach einem kurzen Frühstück noch einmal das Konsulat im Potwal.

Mein deutscher Pass brachte uns an den Anfang der neuen langen Menschenschlange von Visajägern, und meine Bemerkung gegenüber dem Empfangsbeamten, „Meine Sache ist hoch vertraulich und nur für die Ohren des Konsuls bestimmt", half alle vermuteten Verzögerungen oder roten Absperrungen zu umgehen. Wir wurden in das Büro des Konsuls von Ritter gebracht und ich schilderte ihm vorsichtig und ruhig meinen Plan und mein Dilemma. Am Ausdruck seines Gesichts konnte ich sehen, dass er zweifellos noch nie einen persönlichen Kontakt mit einem Juden gehabt hatte, der damals aus Deutschland flüchten musste. Und als ich ihm den schlimmen Zustand des jüdischen Friedhofs beschrieb und meine Absicht, meine Mutter zu exhumieren, merkte ich, dass er offensichtlich noch nie mit solch einem Problem konfrontiert worden war. Ich endete offen und direkt: „Herr von Ritter, Breslau war vor und während des Krieges deutsch, und Deutschland trägt mit die Verantwortung für diese Zustände."

Herr von Ritter war auf unserer Seite. Er versprach mir, mit dem ganzen Einfluss seines Büros zu helfen. Selbst, wenn er nicht direkt etwas voranbringen konnte, wollte er einen persönlichen Kontakt zu einer Frau herstellen, die helfen könnte, und das war Maria Sosnowska. Er telefonierte sofort mit ihr, erklärte ihr unsere Sache und bat sie, ihr Bestes für unser Vorhaben zu tun. Frau Sosnowska war die perfekte Person zur Lösung unseres Problems. Sie war früher Sekretärin im ostdeutschen Konsulat in Wroclaw, und nach dem Ende des kalten Kriegs und der Wiedervereinigung Deutschlands arbeitete sie im Konsulat der Bundesrepublik Deutschland. Daher war sie sehr gut informiert, sprach fließend Deutsch und verfügte vor allem über wichtige Kontakte zu den zuständigen polnischen Behörden. Und obwohl schon pensioniert, war sie ein Bündel voller Energie mit einem offenen und produktiven Geist. Sie versicherte mir am Tele-

fon, sie würde alle notwendigen Dokumente in Polen vorbereiten und meine
einzige Aufgabe sei, ihr eine offizielle Bescheinigung zu schicken, dass in Israel
ein Grab für die Bestattung meiner Mutter vorbereitet sei. Ihre Entlohnung könne festgesetzt werden, wenn die ganze Angelegenheit vollendet sei, sagte sie.
Sie gebe mir Nachricht, wenn ich nach Polen zurückkommen solle, um meine
Mutter abzuholen. Ich konnte meinem Glück kaum trauen!

Eine Grabstätte in Israel

Ich wusste noch nicht, dass meine Mühen erst begannen. Aber schon wenig
später, als ich in Israel versuchte, eine Grabstätte für meine Mutter zu kaufen,
begann mein Plackerei erst richtig. Bei der „Chewra-Kadischa", der Beerdi-
gungsbruderschaft, sagte man mir, ich müsse 10.000 Dollar für die Grabstätte
bezahlen. „Warum soviel?", fragte ich schockiert und auch wütend. „Weil sie
keine israelische Bürgerin war als sie starb", war die Antwort, die mir sehr arro-
gant vorkam. „Wie hätte sie denn eine Israeli sein können, wo doch zu der Zeit,
als sie starb, noch gar kein Staat Israel existierte?" Der Mann gab nach und sagte
mir, er würde nur(!) 8.000 Dollar berechnen, weil ich ein israelischer Bürger sei.
Die Wut kam in mir hoch, aber es gelang mir, dort heraus zu gehen und die
ganze Angelegenheit eine Weile ruhen zu lassen.

Mehrere Wochen später sah ich in Israel in einem Reiseprospekt eine Anzei-
ge, die für eine Bustour nach Aschkelon warb. Das ist eine hübsche Stadt am
Meer, ungefähr 60 Kilometer von Giwatayim entfernt, wo sich unsere Wohnung befindet. Da wir früher noch nie in Aschkelon waren, schlug ich Gisela
vor, wir sollten die Busreise dazu benutzen, um etwas von unserem wunder-
schönen Land zu sehen und uns zu entspannen. Die Busreise war sehr erfreulich.
Wir hatten einen gut informierten und engagierten Reiseführer: Bobi Beinart. Er
stammte aus Südafrika, wusste viel über die Stadt und war gleichzeitig Rechtsanwalt. Oh Israel, wo der Reiseführer bei einer Bustour auch noch Rechtsanwalt
sein kann! Doch nicht nur das, er war ein geselliger Mensch, mit dem ich prächtig auskam, und wir tauschten Geschichten aus, wie es die meisten Israelis tun.
Ich erzählte ihm von Breslau, dem Grab meiner Mutter und von meiner Suche
nach einem letzten Ruheplatz für sie in Israel. Bobi sah mich an und sagte, er
könne mir helfen. Und das tat er!

Bobi brachte mich in Verbindung mit der „Chewra Kadischa" von Aschkelon
und mit anderen entscheidenden Leuten des Friedhofs in Aschkelon. Dort
konnte ich nicht nur ein Grab für meine Mutter kaufen, es gelang mir sogar, drei
Gräber nebeneinander zu kaufen, nämlich auch für Gisela und für mich. Und das
nicht zum Preis von 10.000 Dollar für ein Grab, sondern zum Preis von 3.000
Dollar für alle drei Grabstätten.

Die Exhumierung und Umbettung nach Israel

Meine Stimmung stieg. Mit den Papieren für die gekauften Grabstätten in der Hand, kehrte ich nach Deutschland zurück und rief von dort sofort Frau Sosnowska an. Sie sagte, sie sehe nach diesen neuen Nachrichten und soweit sie das einschätzen könne, keine weiteren Hindernisse, die sterblichen Überreste meiner geliebten Mutter aus Polen umzubetten. Trotzdem drehten sich die Räder nur langsam weiter, und es kostete Monate, bevor Frau uns unterrichtete: Alle Einzelheiten seien geklärt, alles sei bereit und wir könnten nach Polen kommen. Sie habe alles mit dem Zoll abgesprochen, mit den Leuten von der Gesundheitsabteilung und der jüdischen Gemeinde. Und sie habe einen kleinen 80 Zentimeter großen Sarg bestellt, der im Einklang mit dem polnischen Gesetz, mit Zinn verschlossen werde. Frau Sosnowska hatte auch schon einen Personenwagen bestellt, der die Vertreter der Gesundheits- und Zollbehörden zum Friedhof hinfahren und zurückbringen sollte, denn diese beiden Beamten mussten bei der Exhumierung anwesend sein. Noch einmal nahmen meine Frau und ich den Nachtzug, und ich hoffte, dass dies meine letzte Reise nach Polen in dieser traurigen Angelegenheit sei. Wie um meine inneren Bedenken zu zerstreuen, wiederholte ich mir immer wieder: „Alles ist bereit." Ich vergewisserte mich noch selbst bei einem Gespräch in der jüdischen Gemeinde. Dort wurde mir versichert, die zehn Männer für den Minjan seien bestellt. Denn bei einer jüdischen Trauerzeremonie müssen zehn erwachsene Gemeindemitglieder dabei sein und die Gebete sprechen. Auch die Totengräber seien bestellt und die Behördenvertreter würden dort sein, um die Exhumierung zu beobachten.

Voller Unruhe und Erwartung, gedankenverlorenen, aber frohen Herzens, kamen Gisela und ich noch einmal auf diesen trostlosen Friedhof zum Grab meiner Mutter. Die Arbeit der Totengräber ging langsam voran und musste mit peinlicher Sorgfalt ausgeführt werden, denn unsere religiöse Tradition verlangt, dass jedes kleinste Knochen - und Körperteilchen geborgen werden muss. Jedes Stück Erde, das vorsichtig aufgehoben und geprüft wurde, verursachte mir Herzschmerzen und ich verkrampfte mich. Mein Geist entschwebte in Erinnerungen an meine Kindheitstage in den Armen meiner Mutter, wo ich eingebettet war in ihrer Liebe mit der Sanftheit ihres Lächelns. Für mich war es ein sehr bewegender, herzzerreißender Moment. Allmählich, und dann nahezu plötzlich lag dort in voller Ansicht − nach 58 Jahren - das Skelett meiner verstorbenen Mutter. Es lag vollständig von einer Seite zur anderen in vollendeter Harmonie und Symmetrie da. Wie ein Röntgenfoto eines einmal lebensvollen und liebevollen Menschen, meine Mutter.

Meine Seele und meine Füße waren geradezu angeheftet an die Erde, aus der diese Vision kam, und ich sah ohne ein Wort oder ein Seufzen und ohne eine Bewegung meines Körpers, die Grabarbeiter alle Knochenteilchen sanft in den kleinen Sarg legen. Fromme Gebete wurden in leisem und ehrfürchtigem Ton von den Minjan-Männern gesprochen, die ich nie kennen gelernt hatte, die aber aus Achtung unserer Sitten gekommen waren, um der Toten die Ehre zu erweisen, wie es vorgeschrieben ist. Der Sargdeckel wurde aufgesetzt und die Prozession bewegte sich mit gesetzten Schritten voran zum Friedhofsausgang. Und nach jeweils einigen Schritten hielt sie an, um ein Gebet zu wiederholen, wie es Sitte und Gesetz vorschreiben. Zwei schwarz gekleidete Minjan-Männer trugen den kleinen Sarg, und das Gefolge schritt in Gebeten versunken oder still hinterher.

Das geistliche Ereignis kam abrupt zu Ende, als wir den Autoparkplatz außerhalb des Friedhofs erreichten und sich der Zollbeamte an mich wandte. Ich hielt den Atem an, denn aus dem bisherigen Verhalten dieses Mannes ahnte ich schon, dass das, was er mir mitteilen wollte, nicht hilfreich sein würde. Mit kurzen Sätzen sagte er mir, ich müsse erstens mit der Toten heute noch Polen verlassen, und zweitens müssten die Überreste meiner Mutter in einem getrennten Zugabteil transportiert werden, das nicht direkt mit dem Personenwagen zusammenhinge. Das ginge natürlich auf meine Kosten. Kein Zeichen meiner Empörung überflog mein Gesicht, ich sah ihm direkt in die Augen. Aber im Grunde hegte ich Zweifel, denn diese Auskunft war völlig neu für mich. Der jüdische Gemeindevertreter erfasste die Situation schnell und war sich der Wirkung bewusst, die sie auf mich hatte. Und so gut wie das ein mitfühlender Mensch tun kann, sagte er: „Dieser Mann stand heute unter einer großen emotionalen Belastung und ist nicht in der Lage, heute noch eine lange Fahrt anzutreten. Wir haben einen angemessenen Ort für den Sarg seiner Mutter, und Herr Witkowski kann morgen abreisen, nachdem er etwas Zeit zum Ausruhen hatte." Diese Abmachung wurde akzeptiert und eingehalten. Wir fuhren dann alle zu einer Firma, wo die letzte amtliche polnische Forderung erfüllt werden sollte: der Sarg musste versiegelt werden, verlötet unter den wachsamen, amtlichen Augen des Zollbeamten.

Am nächsten Tag bestellte ich einen Fahrer, um Gisela, mich und den kleinen Sarg auf die andere Seite der polnisch-deutschen Grenze zu bringen. Der Sarg mit den Überresten meiner Mutter wurde sicher und unauffällig in einem kleinen Schultersack verstaut. Es vergingen einige spannungsvolle Momente, bis wir über der Grenze waren, dafür war glücklicherweise keine Zollkontrolle erforderlich. Dort fuhren wir zum Bahnhof und bestiegen den nächsten Zug zurück nach Frankfurt am Main.

Nicht lang nach unserer Ankunft in Frankfurt machte ich mich mit Gisela auf den Weg nach Israel. Ich musste mich der Überprüfung auf dem Flughafen stellen und bereitete mich auf eine Konfrontation vor. Der deutsche Sicherheitsmann war extrem skeptisch. Ich zeigte ihm die polnische Zollbescheinigung und die Papiere der jüdischen Gemeinde und auch den Beleg, dass ich eine Grabstätte für die sterblichen Überreste in Israel hatte. Und ich betonte, dass das Datum für das Begräbnis in Israel bereits für den folgenden Tag angesetzt war. Die Skepsis war natürlich verständlich, da ich keine amtlichen deutschen Papiere hatte, die den sehr ungewöhnlichen Transport genehmigten. Aber ich hatte auch hier wieder Glück. Jetzt konnte ich meine sehr guten Beziehungen zu EL AL-Mitarbeitern ins Spiel bringen, die für mich intervenierten. Das bedeutete schließlich, dass ich den kleinen verpackten Sarg sogar in die Kabine mitnehmen durfte.

Unser Flug kam zwar pünktlich in Tel Aviv an, aber 30 Minuten, nachdem der Zoll geschlossen hatte. Dort sollte ich „den Import" der sterblichen Überreste meiner Mutter anmelden. Aber es war niemand da, so dass ich einfach mit dem Sarg in den Armen durch den Zoll ging!

Wir fuhren sofort zu unserer Wohnung nach Giwatayim und am nächsten Tag von dort nach Aschkelon zum Begräbnis. Wieder waren zehn Männer gekommen, um die Beerdigung zu bezeugen und Gebete zu sprechen. Die Überreste wurden noch einmal vorsichtig in geweihten Boden umgebettet, in der Lage ihres einst lebenden Körpers, und sie wurden dann mit einem weißen Leichentuch bedeckt. Ein großes Gefühl des Friedens überkam mich. Ich atmete tief die frischen erdigen Düfte ein und verspürte eine tiefe Zufriedenheit, die ich Jahrzehnte lang nicht mehr erlebt hatte. Meine Mutter war mit mir, und ich gehörte noch einmal zu ihr. Dieses Mal klangen die Gebete wie eine freudige Hymne, die zum blauen klaren Himmel aufstieg. „Schalom", flüsterte ich ihr zu.

Aber dann kam ein Moment, auf den ich mich nicht besonders freute. Der Mann von der Chewra-Kadischa fragte mich höflich nach den entsprechenden Papieren, damit er die Beerdigung anmelden könne. Und er erschrak sehr, als er herausfand, dass die israelischen Zollpapiere fehlten, die für solch eine Zeremonie erforderlich sind. Er sagte traurig, dass er ohne diese Papiere nicht mit der Zeremonie fortfahren könne. Was sollte ich tun? Ich gab zu bedenken, dass das Zollbüro gestern nacht geschlossen war. Der Mann dachte ernsthaft über mein Dilemma nach und entschied wohlwollend, er könne die Zeremonie unter der Bedingung fortsetzen, dass ich am nächsten Tag mit den korrekten Stempeln in meinem Pass zurückkehrte. Ich fügte mich seinen Wünschen und kam anderntags mit den richtigen Bewilligungen zurück.

Ich bin kein religiöser Mensch, aber ich möchte dem Allmächtigen danken, dass meine Mutter in unserem Land begraben ist, dass ich bei ihr sein kann und später auch bei meiner Frau. Bei den zwei Frauen, die ich in meinem Leben am meisten geliebt habe. Es gibt mir seelischen Frieden und verleiht mir Stärke, dass ich sicher sein kann, einst zwischen diesen zwei liebevollen Frauen zu ruhen, meiner Mutter und meiner Frau.

Ein Nachwort von Bernadine Lairo

Den Auftakt zu Lutz Witkowskis Memoiren bildete der 15. August 2000. Ich erinnere mich, dass wir das Thema zum ersten Mal ernsthaft ansprachen, als unser belgischer Freund George Geron vor einigen Jahren Frankfurt besuchte und Lutz kennenlernte. Auch er ist Jude. Wenn es nicht so klischeehaft wäre, würde ich sagen, das war Liebe auf den ersten Blick, eine Zuneigung zweier Menschen, die aus elektrisierender Faszination und Neugier erwuchs: Lutz, der alte Jude, - wenn Sie glauben, dass 74 Jahre alt ist - und George, ein junger Jude von 49 Jahren - wenn Sie mit mir glauben, dass das jung ist. Der Mann, dessen Leben einen Teil der jüdischen Geschichte spiegelt, traf den Studenten der Geschichte.

Die Sache kam während des Abendessens ins Rollen. George war ein Bündel aus Energie und Begeisterungsfähigkeit und hatte die Fähigkeiten eines Handelsvertreters, der die Phantasie anregt, wenn er die Augen seines Gegenübers sucht, dabei beredt spricht und nicht locker lässt. Nur Wenige konnten sich seinem Charisma entziehen. Aber in dieser Nacht wurde George in dem Netz von Lutz gefangen.

Während des Abendessens erzählte Lutz von seinen Erlebnissen und George sog jedes Wort auf wie ein Schwamm. Im Gegensatz zu seinen sonst üblichen spontanen Unterbrechungen blieb George still und erlaubte sich bis zum Schluss keine Bemerkung. So rücksichtsvoll war er, damit Lutz nicht den Gedankenfaden verlor. Dann stand Lutz auf und signalisierte damit, dass die Erzählzeit vorüber war und lud uns zu einem türkischen Kaffee ein, den Gisela inzwischen gekocht hatte. "Lutz, du musst ein Buch darüber schreiben, Bernie wird dir helfen", sagte George. Das kam wie ein Kanonenschuss, der direkt auf sein Ziel zusteuerte und bei der Landung punktgenau explodierte. " Bernie, was sagst du dazu? Eine großartige Idee".

"Natürlich, ja!" , antwortete ich, „ich mache das". Georges Kompliment wirkte. Sagten mir nicht andere Leute häufig, ich sollte ein Buch schreiben? Hier war meine Gelegenheit, etwas zu schreiben, ohne mein persönliches Inneres offenlegen zu müssen. Aber ich hatte in diesem Moment keine so tiefschürfenden Gedanken. Statt dessen äußerte ich Bedenken. Vielleicht sollte Lutz seine Geschichte lieber von einem Deutschen aufschreiben lassen. Lutz sei Deutscher, es sei seine Muttersprache. Er war in dieser Gruppe wirklich der einzige Deutsche. Seine Frau Gisela stammt aus Rumänien, Alexander und ich sind Amerikaner, und George ist Belgier. Wir necken Lutz oft damit, er sei unser deutsches Aushängeschild. Die Köpfe drehten sich zu Lutz. Er schwankte eine Weile zwischen Aufstehen und Hinsetzen. Lutz sitzt immer am Kopf des Tisches, er spricht oft wie ex cathedra zu Fragen, die Heim und Herd betreffen. Er, der kaum fünf Fuß Größe überschreitet, suggeriert eine überragende Größe und drückt sich nie um klare Entscheidungen. Sein Wort ist Gesetz: „Auf Englisch, das geht in Ordnung. Wir können es dann übersetzen lassen", sagte er.

Das Buch war beschlossen. Ich schob meine Bedenken, Befürchtungen und anderes Unausgesprochenes möglichst weit von mir. Aber es dauerte eine Zeit bis ich bereit war, die Sache in die Hand zu nehmen. Ich war die einzige, die in dieser Nacht unsicher war, ob ich wirklich diejenige sei, die die Memoiren von Lutz zu schreiben. Unsicher war ich auch, weil ich „Goyim" bin, nicht jüdisch. Aber ein paar Jahre später fing ich an!

Bilder und Dokumente

Das Haus der Großmutter Fanny Reich im Potwal/Ohlauer Stadtgraben heute

Bestätigung: Fanny Reich hat für die deutsche Reichszugehörigkeit gestimmt

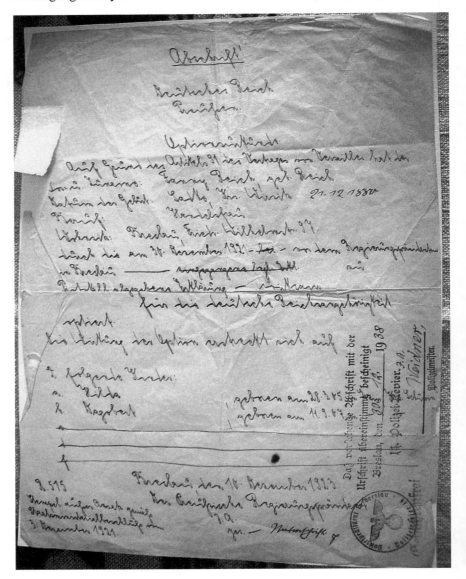

Ausweis von Hilda Reich, in deren Pass „Lutz Reich" eingetragen war

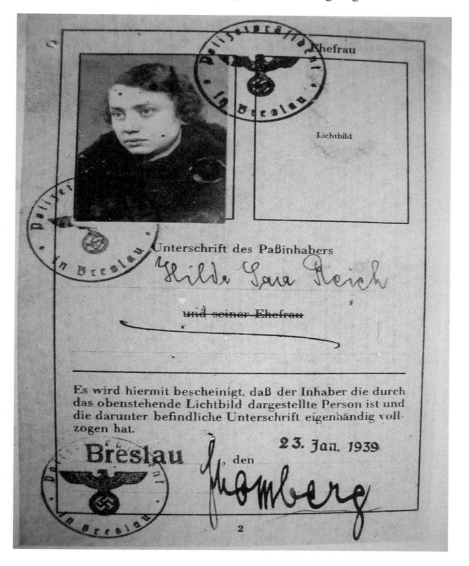

Ein Passierschein von Lutz Witkowski in Schanghai

Reste eines amerikanisch-chinesischen Passierscheins

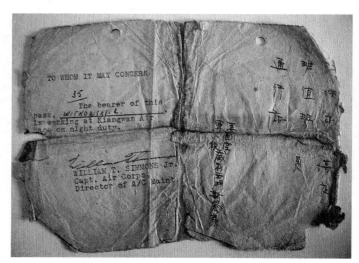

Amerikanische Arbeitsbestätigung als Flugzeugelektriker

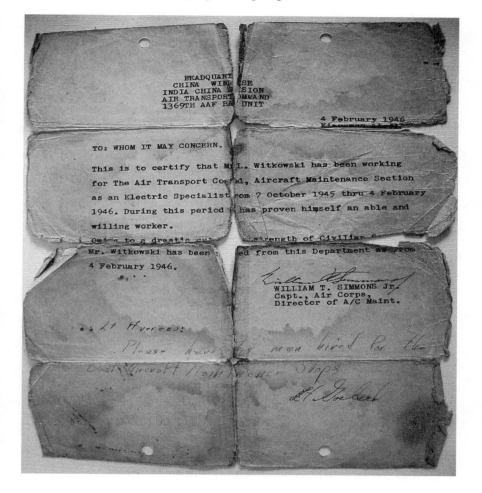

HEADQUART...SE
CHINA WIN...
INDIA CHINA ...SION
AIR TRANSPORT...OMMAND
1369TH AAF BA...UNIT

4 February 1946

TO: WHOM IT MAY CONCERN.

This is to certify that M... L. Witkowski has been working for The Air Transport Co...d, Aircraft Maintenance Section as an Electric Specialist...om 7 October 1945 thru 4 February 1946. During this period...has proven himself an able and willing worker.

Ow...to a drastic cut...strength of Civilian...

Mr. Witkowski has been ...ed from this Department a...rom 4 February 1946.

WILLIAM T. SIMMONS Jr.
Capt., Air Corps,
Director of A/C Maint.

Das Empfehlungsschreiben der zionistischen Betar Organisation

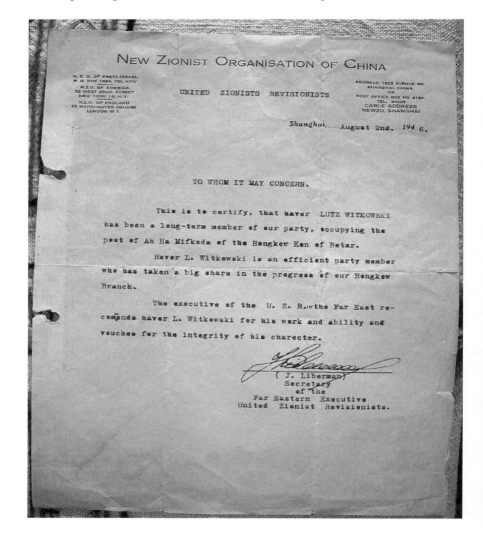

NEW ZIONIST ORGANISATION OF CHINA

N. Z. O. OF ERETZ-ISRAEL
P. O. BOX 1663, TEL AVIV
N.Z.O. OF AMERICA
55 WEST 42ND. STREET
NEW YORK 18, N.Y.
N.Z.O. OF ENGLAND
25 MANCHESTER SQUARE
LONDON W 1.

UNITED ZIONISTS REVISIONISTS

ADDRESS: 1623 AVENUE RD.
SHANGHAI, CHINA
OR
POST OFFICE BOX NO. 4150.
TEL. 34205
CABLE ADDRESS
NEWZO, SHANGHAI

Shanghai, August 2nd. 194 6.

TO WHOM IT MAY CONCERN.

This is to certify, that haver LUTZ WITKOWSKI has been a long-term member of our party, occupying the post of Ah Ha Mifkada of the Hongkew Ken of Betar.

Haver L. Witkowski is an efficient party member who has taken a big share in the progress of our Hongkew Branch.

The executive of the U. Z. R. in the Far East recomends haver L. Witkowski for his work and ability and vouches for the integrity of his character.

(J. Liberman)
Secretary
of the
Far Eastern Executive
United Zionist Revisionists.

Frankreich bescheinigt, Lutz Witkowski muss keine Visagebühren bezahlen

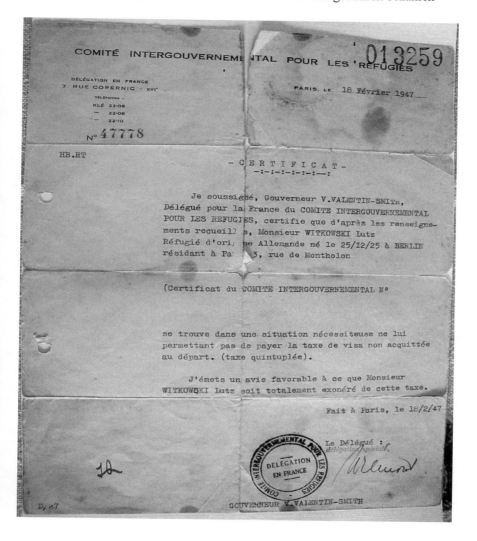

COMITÉ INTERGOUVERNEMENTAL POUR LES REFUGIES

013259

DÉLÉGATION EN FRANCE
7. RUE COPERNIC - XVI°
TÉLÉPHONE :
KLÉ 22-06
— 22-08
— 22-10

PARIS, LE 18 Février 1947

N° 47778

HB.RT

- C E R T I F I C A T -
-:-:-:-:-:-:—:

Je soussigné, Gouverneur V.VALENTIN-SMITH,
Délégué pour la France du COMITE INTERGOUVERNEMENTAL
POUR LES REFUGIES, certifie que d'après les renseigne-
ments recueillis, Monsieur WITKOWSKI Lutz
Réfugié d'origine Allemande né le 25/12/25 à BERLIN
résidant à Paris 3, rue de Montholon

(Certificat du COMITE INTERGOUVERNEMENTAL N°

se trouve dans une situation nécessiteuse ne lui
permettant pas de payer la taxe de visa non acquittée
au départ. (taxe quintuplée).

J'émets un avis favorable à ce que Monsieur
WITKOWSKI Lutz soit totalement exonéré de cette taxe.

Fait à Paris, le 18/2/47

Le Délégué :
délégation spéciale,

DELEGATION
EN FRANCE

GOUVERNEUR V. VALENTIN-SMITH

D/07

110

Im britischen Internierungslager in Zypern

Verlobungszeit: Gisela und Lutz Arie

Gisela Imberg mit dem Akkordeon

Gisela Imbergs Familie: Vater Adolf, Gisela und Sonia, Mutter Lisa

114

Der „Chinese" in der chinesischen Botschaft in Israel

Witkowskis zu Besuch beim israelischen Ministerpräsident Shamir

Sterbeurkunde von Lutz Witkowskis Vater Benno: Mauthausen

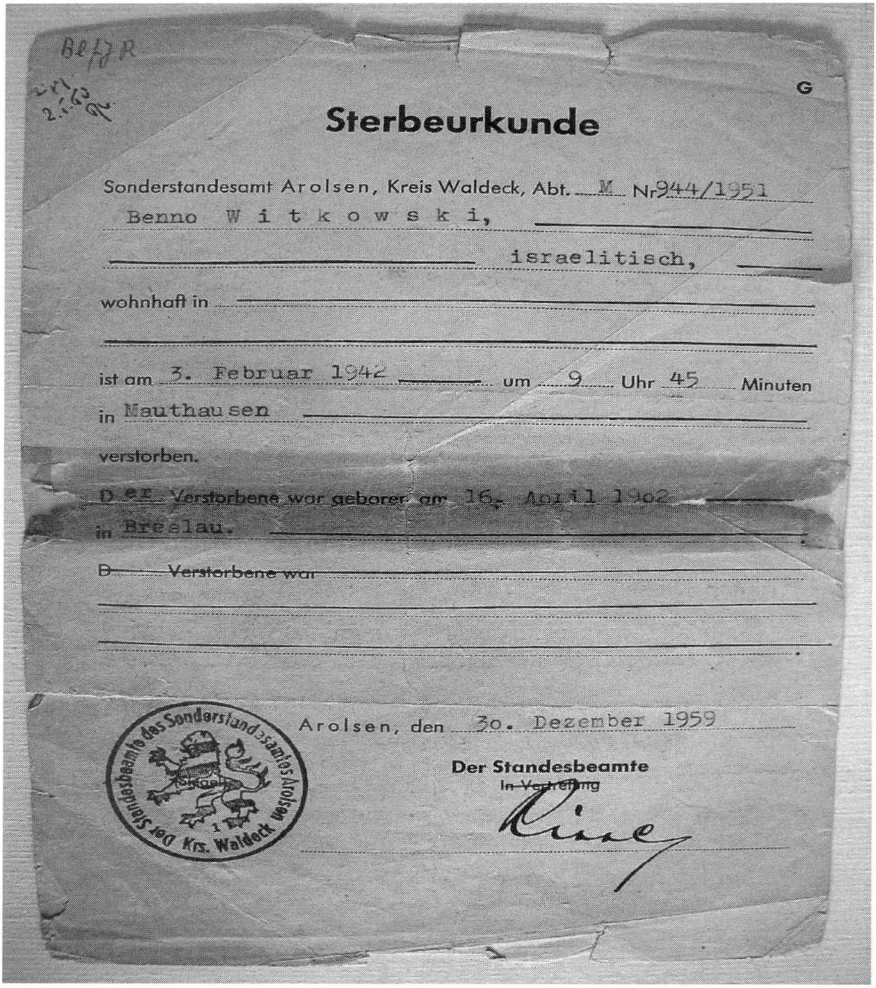

Sterbeurkunde

Sonderstandesamt Arolsen, Kreis Waldeck, Abt. __M__ Nr. 944/1951

Benno W i t k o w s k i, _____

_____ israelitisch, _____

wohnhaft in _____

_____

ist am __3. Februar 1942__ um __9__ Uhr __45__ Minuten

in __Mauthausen__ _____

verstorben.

D__er__ Verstorbene war geboren am 16. April 1902 _____

in __Breslau.__ _____

D____ Verstorbene war _____

_____

_____

_____

Arolsen, den __30. Dezember 1959__

Der Standesbeamte
In Vertretung

117

Die Hasevilla, heute das deutsche Konsulat in Breslau/Wrozlaw

Arbeitsbescheinigung der israelischen Fluggesellschaft EL AL 1956

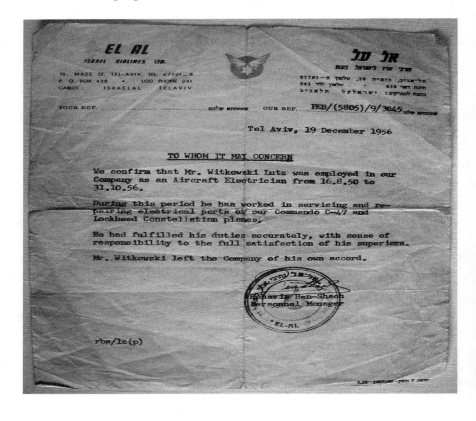

EL AL
ISRAEL AIRLINES LTD.

76. MAZE ST. TEL-AVIV. TEL. 67761—8
P. O. BOX 438 · LOD PHONE 241
CABLES : ISRAELAL TELAVIV

YOUR REF. .... OUR REF. PEB/(5805)/9/3045

Tel Aviv, 19 December 1956

TO WHOM IT MAY CONCERN

We confirm that Mr. Witkowski Lutz was employed in our
Company as an Aircraft Electrician from 16.8.50 to
31.10.56.

During this period he has worked in servicing and re-
pairing electrical parts of our Commando C-47 and
Lockheed Constellation planes.

He had fulfilled his duties accurately, with sense of
responsibility to the full satisfaction of his superiors.

Mr. Witkowski left the Company of his own accord.

Rehavia Ben-Shach
Personnel Manager

rbs/lc(p)

Israelische und deutsche Pässe

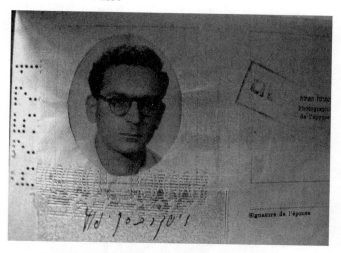

Gisela Witkowskis Pass

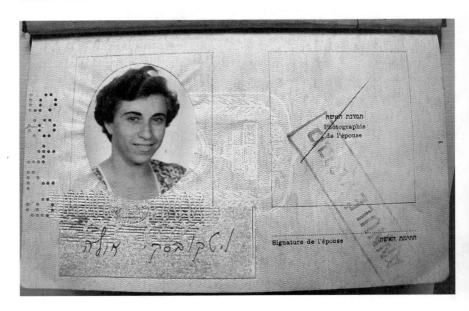

Die polnische Bescheinigung der Exhumierung von Witkowskis Mutter

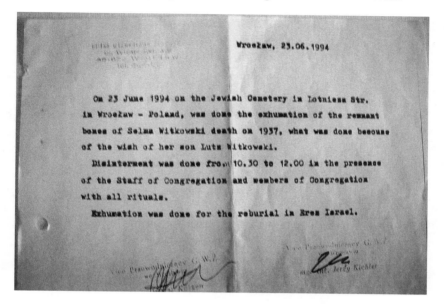

Familie Witkowski mit Kindern und Enkeltochter

Eine Bestätigung für den Schüleraustausch

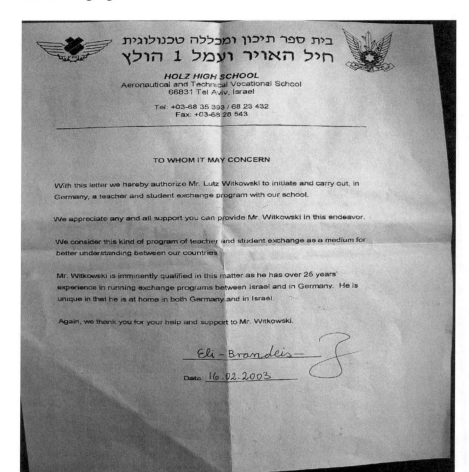

בית ספר תיכון ומכללה טכנולוגית
חיל האויר ועמל 1 הולץ

HOLZ HIGH SCHOOL
Aeronautical and Technical Vocational School
66831 Tel Aviv, Israel

Tel: +03-68 35 393 / 68 23 432
Fax: +03-68 28 543

TO WHOM IT MAY CONCERN

With this letter we hereby authorize Mr. Lutz Witkowski to initiate and carry out, in Germany, a teacher and student exchange program with our school.

We appreciate any and all support you can provide Mr. Witkowski in this endeavor.

We consider this kind of program of teacher and student exchange as a medium for better understanding between our countries.

Mr. Witkowski is imminently qualified in this matter as he has over 25 years' experience in running exchange programs between Israel and in Germany. He is unique in that he is at home in both Germany and in Israel.

Again, we thank you for your help and support to Mr. Witkowski.

Eli - Brandeis

Date: 16.02.2003

Mit Frankfurter Schülern in Israel

Im Frankfurter Römer: Das Bundesverdienstkreuz

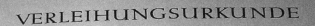

VERLEIHUNGSURKUNDE

IN ANERKENNUNG DER UM VOLK UND STAAT ERWORBENEN

BESONDEREN VERDIENSTE

VERLEIHE ICH

HERRN

LUTZ WITKOWSKI

FRANKFURT AM MAIN

DIE VERDIENSTMEDAILLE

DES VERDIENSTORDENS DER BUNDESREPUBLIK DEUTSCHLAND

BERLIN, DEN 30. MAI 1996

DER BUNDESPRÄSIDENT